Corona-Knigge 2100
Vom Umgang mit dem Virus

Horst Hanisch

Bibliografische Information der Deutschen Nationalbibliothek: Die Deutsche Nationalbibliothek verzeichnet diese Publikation in der Deutschen Nationalbibliografie; detaillierte bibliografische Daten sind im Internet über dnb.dnb.de abrufbar.
Der Text dieses Buches entspricht der neuen deutschen Rechtschreibung.

Die Ratschläge in diesem Buch sind sorgfältig erwogen, dennoch kann eine Garantie nicht übernommen werden. Eine Haftung des Autors und seiner Beauftragten für Personen-, Sach- und Vermögensschäden ist ausgeschlossen.

Aus Gründen der einfacheren Lesbarkeit wird auf das geschlechtsneutrale Differenzieren, zum Beispiel Mitarbeiter/Mitarbeiterin weitestgehend verzichtet. Entsprechende Begriffe gelten im Sinne der Gleichbehandlung für alle Geschlechter.

Idee und Entwurf: Horst Hanisch, Bonn

Lektorat: Annelie Möskes, Bornheim

Buchsatz: Guido Lokietek, Aachen; Horst Hanisch, Bonn

Umschlag: Christian Spatz, engine-productions, Köln; Horst Hanisch, Bonn

Fotos: Umschlag: Christian Spatz, engine-productions, Köln; alle anderen Fotos und Zeichnungen: Horst Hanisch, Bonn

Herstellung und Verlag: BoD – Books on Demand, Norderstedt

ISBN: 978-3-7568-2916-3

Corona-Knigge 2100
Vom Umgang mit dem Virus

Horst Hanisch

Inhaltsverzeichnis

INHALTSVERZEICHNIS 5

VORWORT 8

EIN-LEITUNG – ZU BEGINN DER PANDEMIE 9

WEITER-LEITUNG – NACH EINIGEN JAHREN DER PANDEMIE 11

AUS-LEITUNG – ZUM ENDE DER PANDEMIE 14

TEIL 1 – SOCIAL COCOONING 15

„RÜCK MIR NICHT AUF DIE PELLE" 15
  Das soziale Einpuppen 16
  Die mächtige Krone 16
    Der strahlende Kranz 16
    Alles nichts Negatives 17
    Die erdrückende Krone 17
    Zeichen nicht erkannt 18
    Zoonose 18
    Explosionsartige Ausbreitung 19
    Covid-19 – SARS-CoV-2 19
    Covid 19: (Co = Corona), (vi = Virus), (d = Disease), (19 = Jahr des Auftretens). 19
  Politischer Aktivismus 20
    Extreme Einschränkungen? 21
    Brutaler Eingriff in die Demokratie? 22
  Diskreten Abstand halten 22
    Menschliche Distanz 23
  Begrüßungsrituale 24
    Hand aufs Herz 25
    Ellenbogengruß 25
    Faustgruß 26
    Corona-Partys 26
  Isolation und Quarantäne 27
    Inkubationszeit 27
    Auf dem Kreuzfahrtschiff isoliert 28
    Isolation in Altenheimen 28
    Null Covid 29
    Grenzen geschlossen 30
  Hygienemaßnahmen 30
    Niesen 30

Finger aus dem Gesicht 31
Mundschutz – Atemschutzmaske...31
Medizinische Maske oder FFP2-Maske?.............................33
Verräterische Gesichtszüge 33
Hände waschen und desinfizieren......................................34
WC-Papier in (der) Not 35
Hamsterkäufe 35
Klo-Papier importieren? 36
Die Nudel zieht ein langes Gesicht 37
Bargeldlos zahlen...37
Übergriffe und Betrügereien 38
Betrug 39
Wucher 39
Gewalt 40
Verschwörungstheorien 40
Impfgegner 41
Appell der Fairness 42

TEIL 2 – DIGITALE KOMMUNIKATION...................................**43**

Telearbeitsplatz 44
Verstärkter Einstieg in die digitale Welt.............................44
Gespräch über das Netz 44
Digital Natives..44
Videokonferenzen und virtuelle Meetings 45
Telemeeting..45
Die Moderation 47
Qualität von Bild und Ton..48
Homeoffice – Die Arbeit von zu Hause aus........................49
Kontrolle versus Vertrauen?...50
Einrichtung des Homeoffice 51
Der ideale Arbeitsplatz zu Hause 51
Datenschutz..52
Struktur des Arbeitsablaufes 52
Austausch mit Kollegen 53
Soziale Verkümmerung...53
Nicht hängen lassen!...54
Täglicher Kontakt per Telefon 54
Digitale und analoge Balance 55

TEIL 3 – EMOTIONALE ZUSAMMENARBEIT...............................**56**

Rücksichtnahme...57
Keiner ist allein 57

In den eigenen vier Wänden gefangen 58
Häusliche Gewalt 58
Gefährliche Ausraster 59
Lebensgefährliche Depressionen 59
Alltagsstruktur aufstellen 60
Der unbekannte Nachbar 61
Offenheit und Ungezwungenheit 61
Hilfe anbieten und Hilfe annehmen 62
Gegenseitige Wertschätzung 63
Respekt 64
Danke sagen – Solidarität zeigen 65
Rücksichtnahme 65
Angst 66
Optimistisch denken und handeln 67
Der optimistisch eingestellte Mensch 68
Schlimmes überwinden – Pest und Cholera 68
Selbsterfüllende Prophezeiung 69
Optimismus ist lernbar 69
Positiv denken und sprechen 70
Erkenntnisse für die Zukunft 70
Was lässt sich aus der Katastrophe lernen? 71
Entschleunigung und Naturverbundenheit 71
Digitaler Sprung nach vorn 71
Humane Orientierung 72
Den Kokon verlassen 72
Corona ist nicht allein 72
Enger zusammenrücken oder den eigenen Vorteil suchen? 73

STICHWORTVERZEICHNIS 76

Adolph Freiherr Knigge 80

Vorwort

Zum Jahreswechsel 2019 auf 2020 begann die unerwartete Katastrophe: Ein bis dato unbekanntes Virus schlug mit aller Gewalt zu. Länderübergreifend – auf dem kompletten Globus. Vollkommen unvorbereitet musste die Gesellschaft reagieren. Wie lange würde die drohende Gefahr anhalten? Ein oder zwei Monate? Ein ganzes Jahr? Inzwischen ist bekannt, dass das Virus die Menschheit mehrere Jahre im Griff haben wird, vielleicht für immer. Bekommt die Menschheit das Corona-Virus unter Kontrolle – oder zumindest den Umgang mit dem Virus?

Im April 2020 wurde die 1. Auflage dieses Buches veröffentlicht. Die beschriebenen Beobachtungen entsprechen demnach der damaligen ‚Momentaufnahme‘ der Gegebenheiten. Deshalb wurde der vorliegende Text auch in ‚Gegenwartsform‘ („Die deutsche Politik setzt alles daran …“) geschrieben.

Zu Beginn des Jahres 2023, knapp drei Jahre später, hat sich einiges gewandelt. Ist die Corona-Zeit inzwischen überwunden? Nein. Wie wird es weitergehen? Wer soll das vernünftig beantworten können? Die Ergänzungen, die in der 2. Auflage dieses Buches vorgenommen wurden, sind ebenso in der Gegenwartsform geschrieben. Die geschilderten Situationen sind auch hier aus der Gegenwart des gerade aktuellen Jahres geschildert. So ergibt sich im Anschluss des Formats eine Ein-Leitung, betrachtet aus der Sicht 2019/2020 und schließlich eine Weiter-Leitung, betrachtet drei Jahre später. Wird es in einigen Jahren eine Aus-Leitung geben? Das wird sich zeigen.

Der Untertitel des vorliegenden Buches lautet: ‚Vom Umgang mit dem Virus.‘ Wie geht der Mensch mit der neuen Situation um? Wie ändert sich das zwischenmenschliche Verhalten? Inwieweit ändern sich die aktuellen Umgangsformen? Tauchen Sie ein in die Welt, in der sich das neuartige Virus rasant ausgebreitet und die Welt verändert hat.

Horst Hanisch

Ein-Leitung – Zu Beginn der Pandemie

Liebe Leserin, lieber Leser, wer hätte gedacht, dass uns im Jahr 2020, im aufblühenden 21. Jahrhundert, ein Virus packt, das das komplette menschliche Zusammenleben auf den Kopf stellt. Und zwar weltweit.

Plötzlich gelten Regeln nicht mehr, die die Gesellschaft seit Jahren, teilweise seit Jahrhunderten aufbaute, um möglichst reibungslos und erfolgreich zusammen leben zu können.

Die allermeisten Menschen dürften mit der neuen Situation total überrascht worden sein. Wie hätte sich auch auf solch eine Pandemie entsprechend vorbereitet werden können?

Hilflos müssen viele mit ansehen, wie schnell etablierte Systeme zusammenbrechen, die aufgrund der medizinischen oder politischen Vorgaben nicht mehr gelten oder sich sogar ins Gegenteil verkehrt haben.

Eine der ersten goldenen Regeln scheint nun das Social Cocooning zu sein. Wie die Raupe, die sich im geschützten Kokon zum wunderschönen Schmetterling verwandelt. In diesem geschützten Raum soll der Raupe ermöglicht werden, ungestört und vor allem geschützt ihre Entwicklung zu durchlaufen.

Unter Social Cocooning wird verstanden, dass sich der einzelne Mensch aus seinem sozialen Gefüge in sein geschütztes räumliches Umfeld zurückzieht. So soll er von dem Virus verschont bleiben.

Zwangsläufig erfolgt gleichzeitig die Einschränkung des sozialen Kontaktes untereinander. Wie wird mit dieser Situation umgegangen?

Zu bestimmten Zwecken darf (und soll) sich der Mensch nach wie vor mit anderen Personen treffen. Beispielsweise zu einigen Arbeitsstellen, in medizinischen und pflegerischen Einrichtungen oder zur Besorgung von Lebenswichtigem.

Das kulturelle Leben existiert mehr oder weniger nicht mehr.

Adolph Freiherr Knigge sah sich aufgerufen, Tipps zum zwischenmenschlichen Zusammenleben zu geben. Dasselbe gilt in der heutigen Zeit, weshalb dieses Buch den Titel Corona-Knigge trägt, anlehnend an Knigges Namen, der heute als Synonym für Umgangsformen steht. Die Zahl 2100 steht für das 21. Jahrhundert.

Auf den folgenden Seiten werden einige Tipps gegeben, wie trotz aller Vorsichtsmaßnahmen und Einschränkungen soziale Kontakte aufrechterhalten werden.

Was gibt es Neues zu beachten, welche Wege, zum Beispiel technischer Art, finden sich, die Zeit der auferlegten Isolation vernünftig zu überbrücken.

Es wird interessant sein zu erleben, wie sich die Welt ‚nach Corona‘ entwickelt. Haben die Erfahrungen das zwischenmenschliche Miteinander verändert?

Oder geht alles seinen früheren Weg so weiter, als wäre nichts geschehen? Nun, es liegt an uns, an jedem Einzelnen. Ziehen wir das Beste aus der Situation.

Geben wir der Raupe – bildhaft übertragen auf den Menschen – die Möglichkeit, sich in einem sicheren, abgeschotteten Bereich von den schlimmen Sachen, die außerhalb geschehen, zu schützen?

Aufgrund der sich täglich ändernden Situation und ständig neu auftretenden Informationen, kann ein kleiner Ratgeber wie dieser, niemals auf dem aktuellen Stand sein. Betrachten wir ihn als Momentaufnahme.

Liebe Leserin, lieber Leser, ich hoffe und wünsche, dass die hier aufgelisteten Überlegungen helfen, die angesprochene Zeit gut zu überstehen.

Ich drücke ebenso meine Hoffnung aus, dass uns die momentane Situation wieder zum ‚normalen‘ gesellschaftlichen Leben zurückführt. Ich wünsche Ihnen alles Gute und vor allem: Bleiben Sie gesund!

Horst Hanisch, 2020

Weiter-Leitung – Nach einigen Jahren der Pandemie

Einige Jahre sind vergangen, seitdem das Virus die Welt in seiner Geiselhaft hält.

Zu Beginn der Pandemie, Anfang 2020, konnte sich kaum jemand ausmalen, welche extreme Auswirkung die rasante Verbreitung des Virus' nehmen würde.

Wer konnte ahnen, welche wirtschaftlichen, sozialen, gesundheitlichen und politischen Folgen aufgrund der rasend schnellen Verbreitung des unglückbringenden Covid-Virus einschlagen würden.

So, wie es augenblicklich aussieht, scheint sich das Virus im Leben der Weltbevölkerung eingerichtet zu haben. Trotz aller Gegenmaßnahmen bleibt es aktiv und bedrohlich.

Begonnen hatte es mit der Alpha-Variante (B.1.1.7 in Großbritannien) mit diversen Mutationen, gefolgt von der Beta-Variante (B.1.351 in Südafrika), dann die Gamma-Variante (B.1.1.28 in Brasilien) und die Delta-Variante (B.1.617.2 in Indien). Kaum von der Gesellschaft wahrgenommen, vielleicht auch deswegen, weil sie ‚von Corona nichts mehr hören wollten‘, gab es die Varianten Epsilon (B.1.429 in Kalifornien) und Eta (B.1.525 in Angola). Die Länderangaben beziehen sich jeweils auf den ersten Nachweis.

Während diese Zeilen geschrieben werden, tobt sich die Omikron-Variante (B.1.1.529 in Südafrika) mit weiteren Mutationen aus. Niemand kann zurzeit vorhersagen, wie viele Varianten es noch geben wird und wann es zu einer möglichen neuen Corona-Welle kommen kann.

Es ist nicht abzusehen, dass die Omikron-Variante die letzte Variante dieser Reihe gewesen wäre.

In Konsequenz heißt das, dass die Menschen sich darauf einrichten müssen, einen vernünftigen Umgang mit dem Virus auf die nächsten Jahrzehnte zu finden.

Das Virus hat es geschafft, in diesem Moment etwa 650 Millionen Menschen zu infizieren und mehr als 6,5 Millionen Menschen das Leben zu nehmen. Es hat viel Leid und Trauer gebracht. Das Gesundheitssystem vieler Länder wurde an die Grenzen seiner Möglichkeiten gebracht.

Nachdem einige Unternehmen nicht mehr produzieren konnten und durften, fährt die Produktion nach und nach wieder an, sofern das Unternehmen mittlerweile nicht sowieso eine Insolvenz anmelden musste.

Die eingefrorene Gastronomie und Hotellerie öffnet wieder die Tore für die Gäste, die teilweise zögerlich, nach und nach aber ‚fast wie gehabt' kulinarische Angebote außer Haus nutzen.

Der abgestorbene Tourismus fängt zaghaft wieder an zu blühen, unterstützt durch die wieder verstärkt eingesetzten Flugverbindungen in vielen Teilen der Welt.

Die zusammengebrochenen Lieferketten greifen begierig wieder ineinander, um die monatelangen Ausfälle zu kompensieren, sofern das überhaupt möglich ist.

Viele Beschäftigte, die ihren Arbeitsplatz verloren, haben sich beruflich anders orientiert. Deutlich zu merken ist es in der Gastronomie, in der nun händeringend nach Personal gesucht wird.

Schulen und Universitäten, die sich mit Online-Unterricht behalfen, kehren verstärkt zu Präsenz-Veranstaltungen zurück. Die Hörsäle füllen sich wieder.

Die Kleinsten können wieder in ihren Kinderhort und Kindergarten. Nach gesetzlich verordneten Schließungen und später zaghaften Öffnungen sowie der verstärkten Hygiene-Maßnahmen, kann sich die jüngste Zielgruppe wieder über das soziale Zusammensein freuen.

Die Bundesregierung gibt Ende Oktober 2022 bekannt, dass die Schließungen dieser Einrichtungen keinen Vorteil brachten. Kinder leiden verstärkt unter psychischen Problemen, unter Essstörungen oder sonstigen Verhaltensveränderungen.

Die ‚Alten‘ und die noch ‚Älteren‘, die wochenlang abgeschottet zu Hause oder in ihren Senioreneinrichtungen regelrecht eingesperrt waren, dürfen wieder Besuch empfangen.

Der Begriff ‚Soziale Vereinsamung‘ macht seine Runden. Welchen Einfluss haben diese Sicherheits-Maßnahmen gebracht?

Ist für die Zukunft ein erneutes ‚Wegsperren‘ zu befürchten? Zumindest zeigte sich Ende 2022, dass in einigen Senioren-Einrichtungen tatsächlich wieder ein eingeschränktes Besuchsrecht und ein teilweise auf Null gefahrenes kulturelles Angebot notwendig war.

Nach und nach scheint dank Impfungen und Vorsichts-Maßnahmen das Virus in eine überschaubare Koexistenz mit dem Menschen zu kommen.

Die Welt hat sich verändert. Das soziale Zusammenleben wohl auch. Wie geht es weiter? Was macht Long Covid mit den Betroffenen?

Wir werden es erleben und uns bestimmt noch über die eine oder andere Gegebenheit wundern (müssen). Nach wie vor gilt: Bleiben Sie gesund!

Horst Hanisch, 2023

Aus-Leitung – Zum Ende der Pandemie

Die Vergangenheit zeigt, dass alle Zukunftsforscher mit ihren Gedanken, wie die Zukunft aussehen mag, falsch lagen. Durch unerwartete Widrigkeiten, Errungenschaften oder Einflüsse entwickelte sich die Welt plötzlich ganz anders, als vorhergesehen oder –geahnt.

Trotzdem soll der Versuch hier unternommen werden, nach der Ein- und Weiterleitung einen Blick auf die in der Zukunft liegenden Aus-Leitung zu wagen.

Wird zum Jahreswechsel 2026/2027 das Corona-Virus besiegt sein – oder hat die Menschheit gelernt, mit dem Virus vernünftig umzugehen? Hat die Gesellschaft es geschafft, zur ‚alten Norm‘ zurückzukehren. Oder entstand eine ‚neue Normalität‘?

Ziemlich sicher scheint die Möglichkeit, dass durch die Arbeit mit der digitalen Kommunikation im Internet neue Wege des zwischenmenschlichen Austauschs und des damit verbundenen Zusammenlebens entstanden sind.

Wie bei vielen Neuerungen bleiben ‚die Alten‘ außen vor, sowie alle, die sich den neuen Gegebenheiten nicht anpassen wollen. Wünschenswert wäre es, dass die Menschen wieder mehr Einfühlungsvermögen, Empathie, in ihr soziales Umfeld investieren und dadurch das Zusammenleben (wieder) harmonischer, nennen wir es menschlicher, gestalten.

Lassen Sie uns hoffen, dass die aktuellen Probleme, Herausforderungen und Schwierigkeiten gut überwunden werden, sodass wir die nächsten Jahre sorgenfrei leben können. In einigen Jahren werden wir sehen, wie die überlegte Zukunft zur tatsächlichen Realität wurde.

Horst Hanisch, vorgreifend auf 2026/2027

Teil 1 – Social Cocooning

„Rück mir nicht auf die Pelle"

Und die Liebe per Distanz, kurz gesagt, missfällt mir ganz.
Wilhelm Busch, dt. Schriftsteller
(1832 - 1908)

Das soziale Einpuppen

Wie einleitend erwähnt, muss sich der Mensch sozusagen ‚einpuppen', sozial isolieren. Dieser Vorgang wird bekannt unter dem Namen Social Cocooning. Wie soll er sich weiterentwickeln? Dabei gibt es Corona doch schon länger, als die meisten annehmen.

Die mächtige Krone

Die Angst geht um. Das Corona-Virus hat uns im Griff. Jeden Einzelnen – die Gesellschaft – die komplette Welt. Kaum einer kann sich der Situation oder deren Auswirkungen entziehen.

Corona – dieser Name wird uns noch viele Monate, vielleicht Jahre in Gedanken bleiben und in Gesprächen verfolgen.

Dabei sollte solch ein schöner Name nicht mit so einem hässlichen, unter Umständen Tod bringenden Virus verknüpft sein.

Der strahlende Kranz

Das Wort Corona stammt aus der lateinischen Sprache und bedeutet ‚Kranz'. Im Spanischen und Italienischen bedeutet Corona zum Beispiel Kreuz, Krone, Königreich, Thron. Manche Frauen tragen den Vornamen Corona, genauso wie viele Hotels, eine kalifornische Stadt und mindestens eine Biersorte, die sich die Krone aufgesetzt hat.

Die Autofirma Toyota produzierte von 1957 bis 1996 ein Modell namens Corona. BMW baute mehrere Jahre lang sogenannte Corona-Lampen bei ihren Fahrzeugen ein. Ein Zigarrenformat heißt Corona und tatsächlich soll es einmal eine Heilige Corona gegeben haben.

So schlimm kann es demnach gar nicht gewesen sein mit der/dem Corona, oder doch?

Im Jahr 2017 kommt Band 37 ,Asterix in Italien' auf den
Markt. Wie bei Asterix und Obelix so üblich, heißt es, die
leicht begriffsstutzigen Römer zu besiegen. Tatsächlich
taucht einer dieser bösen Typen, ein niederträchtiger Wa-
genlenker, auf. Kaum zu glauben: Er heißt Coronavirus!
Welch eigenartiger Zufall.

Wird Corona mit K geschrieben, also Korona, wird der bei
Sonnenfinsternis sichtbare Strahlenkranz um die Sonne gemeint. Ebenso eine Schar Jugendlicher, die sich als Gruppe
sammelt, um gemeinsam etwas zu unternehmen, erhält
die Bezeichnung Korona.

Alles nichts Negatives

Griechen und Römer in der Antike waren stolz darauf, mit
einem Corona belohnt zu werden.

Ein Corona war ein aus Zweigen, Blättern und oder Blumen
gebundener Kranz, der als Auszeichnung verliehen wurde.
Vielen dürfte der sogenannte Lorbeerkranz bekannt sein,
auf dem sich bekanntlich nicht ausgeruht werden soll, mit
dem beispielsweise der römische Feldherr Gaius Julius Caesar (100 – 44 v. Chr.) oft abgebildet wurde.

Auch die Nachbildung des Kranzes aus Metall gilt als Sym-
bol des erreichten Status.

Später trugen Könige und Kaiser diamantbesetzte Kränze –
Kronen.

Welcher Zeitgenosse schielte nicht bewundernd auf diesen
Prunk, der mit ausstrahlender Macht verknüpft war?

Die erdrückende Krone

Begutachten Forscher das Corona-Virus unter dem Elektro-
nenmikroskop, erscheint es ihnen, als habe der kugelför-
mige Körper eine Art Kranz um sich.

In Zeichnungen, wie auch auf unserem Buchcover, wird
das Virus mit kleinen Stacheln auf der Oberfläche dargestellt, das sich wie ein kugelumspannender Kronen-Kranz
bezeichnen ließe. So kam das Virus zu seinem Namen.

Ist nun das Virus machtvoll wie ein gekröntes Haupt, das
sein Volk unterdrückend beherrscht? Hält es den Menschen

in seiner Gewalt? Befiehlt es ihm, sich so und so zu verhalten, um einer – manchmal tödlichen – Bestrafung zu entgehen?

Natürlich kann jeder seine eigene Deutung gelten lassen. Wie dem auch sei – das klitzekleine, für das menschliche Auge ohne Hilfsmittel nicht sichtbare Virus beherrscht die Welt.

Die Zeit wird zeigen, wie lange es dauern wird, bis es der Bevölkerung gelingt, diesen Tyrannen abzuschütteln, unter Kontrolle zu bringen und gegebenenfalls zu vernichten.

Zeichen nicht erkannt

Mehrere Bürger und Bürgerinnen konnten trotz der ersten Anzeichen im November/Dezember 2019 in der weit entfernten chinesischen Stadt Wuhan mit seinen über 11.000.000 Einwohnern, die drohende Gefahr nicht im Geringsten erkennen.

Das waren und sind wunderbare Voraussetzungen für ein im Untergrund arbeitendes Virus, seine tödlichen Anschläge vorzubereiten und dann gnadenlos zuzuschlagen.

Heute ist bekannt: Zu diesem Zeitpunkt hatte die Weltbevölkerung noch keine Abwehrkräfte. Geschweige denn gab weder einen Impfstoff noch Medikamente gegen das Virus.

Zoonose

Es wird angenommen, dass das Virus von einem Wildtier auf den Menschen übergesprungen ist. Als Beginn des Siegeszugs des Virus wird der Tiermarkt in der erwähnten Stadt Wuhan gesehen. Dort werden – illegalerweise – Wildtiere aller Art verkauft, von denen eins wohl der Träger des Virus gewesen sein soll.

Laut WHO sprang möglicherweise das Virus von einer Fledermaus über ein anderes Tier auf den Menschen. Biologen bezeichnen Infektionskrankheiten, die von Tieren auf den Menschen und umgekehrt übertragen werden als Zoonose (gr. ‚zoon' für ‚Lebewesen' und ‚nosos' für ‚Krankheit'). Die Mensch-Tier-Schranke wird überschritten.

Explosionsartige Ausbreitung

Nach China breitet sich das Virus rasant im italienischen Südtirol aus. Ein Hotspot (Ein Bereich, in dem der Ausbruch extrem häufig auftritt) wird im österreichischen Tirol ausgemacht.

Dann hat es in Spanien eine unüberschaubare, förmliche Explosion an Corona-Infizierten gegeben.

In Großbritannien und in den USA scheint das Virus auf unbedarfte Politiker und ein unvorbereitetes Gesundheitssystem zu treffen. Obwohl das Virus zeitlich versetzt nach seinem Wüten in Europa auftritt, wurde möglicherweise kostbare Zeit vertan.

Die deutsche Politik setzt alles daran, die Zahl der Infektionen auf einen längeren Zeitraum zu strecgn, um eine Überlastung des Gesundheitssystems möglichst zu vermeiden.

Dass das Virus viele Bewohner infizieren wird, scheint für Politiker, Virologen und andere Fachleute klar und unausweichlich, zumal es bis dato keinen Impfstoff und keine Medikamente gegen Corona-19 gibt.

Die Frage lautet also nicht ob die Katastrophe erfolgt, sondern wann. Um die Ansteckungen zeitlich zu strecken, werden unzählige Maßnahmen getroffen, die Verbreitung des Virus zu hemmen.

Covid-19 – SARS-CoV-2

Wer ist denn nun überhaupt das Virus, das die Infektionen auslöst? Covid-19 steht stellvertretend für ‚Corona Virus Disease 2019'. Covid-19 steht stellvertretend für die Erkrankung durch das Virus SARS-CoV-2. SARS-CoV-2: (SA = severe acute, RS = respiratory sydrome). Die Zahl 19 zeigt an, dass das Virus im Jahr 2019 anfing, aktiv zu werden. Covid 19: (Co = Corona), (vi = Virus), (d = Disease), (19 = Jahr des Auftretens).

Es wird nicht mehr von einer Epidemie (altgr. ‚epi' für ‚auf, dazu' und ‚demos' für ‚Volk'), sondern von einer Pandemie (altgr. ‚pan, pas' für ‚alle') gesprochen. Eine Epidemie ist zeitlich und örtlich begrenzt, eine Pandemie kennt keine Grenzen. Sie greift weltweit um sich und betrifft alle.

Die Weltgesundheitsorganisation (WHO) stufte am 11. März 2020 die Ausbreitung des Virus offiziell als Pandemie ein.

Mehr oder weniger alle Länder dieser Welt sind betroffen. Nur von ganz wenigen gibt es kein Zahlenmaterial. Ob die Erkrankten nicht erfasst werden oder ob die Zahlen aus politischen Gründen nicht veröffentlicht werden, ist unbekannt.

Politischer Aktivismus

Manche Bürger reiben sich verwundert die Augen. Solch ein Verhalten hatten sie bei Politikern über Jahrzehnte nicht mehr gesehen. Plötzlich werden Gesetze in Windeseile durch alle Kontrollgremien gebracht. Montags werden Gesetzesbeschlüsse erstellt, mittwochs im Bundestag, unter Umständen in drei Lesungen am selben Tag besprochen und beschlossen, freitags im Bundesrat bestätigt. Ein neues Gesetz tritt innerhalb nur einer Woche in Kraft.

Bei solchen Aktionen handelt es sich nicht um Wischi-Waschi-Gesetze, sondern um solche, die tiefgreifende Einschnitte im Leben der Bürger und Bürgerinnen vornehmen werden. Darunter sind Gesetze, die Milliardenhilfen für verschiedene Zielgruppen freigeben.

Die Opposition hält sich diskret zurück, soweit es ihr zuzumuten ist. Das Ansehen der verantwortlichen Politiker steigt in der Bevölkerung. Nicht nur deswegen, weil schnell gehandelt wird, sondern vor allem auch, weil auf unnötige Streitereien oder bewusste zeitliche Verzögerungen verzichtet wird.

Dieses unkomplizierte Verhalten zum Wohle aller zeigt, was die Politik leisten kann. Die Hoffnung schwingt mit, dass nach überstandener Krise die Politiker nicht ins gewohnte Klein-Klein zurückfallen.

Extreme Einschränkungen?

Alle Schulen und Universitäten werden geschlossen. Abiturprüfungen werden verschoben. Die Kindergärten und Kitas nehmen nur noch ausgewählte Kinder auf. Spielplätze werden mit Flatterband abgesperrt.

Sozialämter können keine kostenfreien Mahlzeiten mehr an bedürftige Kinder austeilen. Menschen ohne Obdach haben Schwierigkeiten, versorgt zu werden. Viele Tafeln müssen aus Hygiene-Vorsichtsmaßnahmen schließen (denn überwiegend arbeiten dort ältere Menschen ehrenamtlich. Genau die, die zur Höchstrisikogruppe zählen).

Bürgerämter lassen nur noch dringende Ausnahmefälle zu. Wer die Verlängerung eines Reisepasses beantragen muss oder sogar einen Termin hatte – Pech (abgesehen davon kann er in der aktuellen Situation sowieso nicht verreisen).

Alle kulturellen Veranstaltungen werden gestrichen. Oper, Theater, Kino, Kleinkunstbühne – geschlossen. Vereinzelt finden Veranstaltungen ohne Zuschauer statt und werden (überwiegend kostenfrei) im Internet übertragen. Auch einige Künstler bieten ihren Fans Kunst via Skype an.

Läden, die keine lebensnotwendige Ware anbieten, werden geschlossen.

Dienstleister, Gaststätten, Hotels müssen ihre Pforten schließen. Einige versuchen verzweifelt, auf Hauslieferungen umzustellen.

Friseure, die ihre Geschäfte geschlossen halten müssen, berichten davon, von Kunden regelrecht genötigt oder sogar bedroht worden zu sein, zu ihnen nach Hause zu kommen, um dort die Haare zu richten.

Der Tourismusumsatz sinkt auf Null. Sportveranstaltungen, die Arenen füllen, bis hin zum Fitnessstudio um die Ecke müssen ihre Aktivitäten einstellen.

In der Öffentlichkeit dürfen keine Gruppen zusammen sein. Messen, Volksfeste und Events aller Art werden storniert. Erstkommunionsfeiern und Hochzeiten werden verschoben. Beerdigungen finden nur im engsten Personenkreis statt.

Einige Ländergrenzen werden gesperrt. Der Flugverkehr ist weitestgehend eingeschränkt. Lufthansa berichtet im März 2020, dass ca. 95 Prozent ihrer Flugbewegungen gestrichen sind.

Brutaler Eingriff in die Demokratie?

Als ein brutaler Eingriff in eine demokratisch aufgewachsene Bevölkerung muss das Vorgehen der Regierung gesehen werden. Kann das gut gehen – oder ist der Eingriff überlebenswichtig?

Nun, im vorliegenden Buch ist es nicht Sache zu beurteilen, ob die getroffenen Einschränkungen wirklich notwendig sind. Das werden Verantwortliche in der Zukunft, der Zeit nach Corona, zeigen.

Interessanterweise ist sich die Weltgemeinschaft zur Zeit der Drucklegung dieses kleinen Ratgebers keineswegs sicher, welches Verhalten und Vorgehen mehr Leben sichert.

Manche Länder verhängen schnell sehr empfindliche Restriktionen, andere scheinen auf einen ‚natürlichen‘ Verlauf zu bauen.

In Deutschland trifft am meisten, abgesehen der wirtschaftlichen Schließungen, die eingeschränkten Kontaktmöglichkeiten.

Aus dieser Entscheidung ergeben sich eine Reihe Vorsichtsmaßnahmen und Hygieneempfehlungen.

Diskreten Abstand halten

Bereits ohne die Corona-Situation waren an verschiedenen Stellen aufgrund der Diskretion solche Abstände erwünscht, leider nicht von jedem gehalten oder beachtet.

Beispielsweise in der Warteschlange vor dem Bankschalter, an der Rezeption beim Arzt, beim Check-in im Hotel, beim Ticketverkauf und anderen – immer von der dort gerade stehenden Person, die sich mit dem hinter dem Schalter befindenden Mitarbeitenden austauscht.

Nun ist die Gesellschaft aufgerufen, zu Fremden diese Distanz zu wahren.

Das ist nicht immer ganz leicht, wenn an einer engen Stelle zum Beispiel jemand entgegenkommt. Nun, einfach stehenbleiben und den anderen durchlassen, schon ist alles gut.

Auch der Jogger oder Radfahrer, der sich von hinten dem Spaziergänger nähert, muss nicht bis fast auf Körperkontakt vorbeirauschen – sondern legt einfach einen Schlenker ein.

Kommen Sie jemandem zu nahe, merken Sie an dessen Verhalten, seiner Mimik oder dem Zeigen der Handflächen, dass er die Distanz wünscht.

All diese Regeln oder Überlegungen sind ‚an sich' sowieso üblich, werden während der Corona-Zeit aber besser eingehalten.

Menschliche Distanz

Woher kommt das mit der Distanz?

Wenn Sie einem Menschen körperlich zu nahekommen, wird dieser automatisch einen Schritt zurückweichen. Er schafft einen größeren Abstand.

Ein Mensch trägt eine Art unsichtbare Distanz-Wolke um sich.

In hiesiger Kultur beträgt der zwischenmenschliche Abstand zwischen 0 und bis zu etwas mehr als einem Meter. 0 bedeutet die direkte Berührung der anderen Person.

Die engste Distanzzone heißt persönliche Distanz beziehungsweise Intimdistanz. Für Fremde ist die direkte Berührung in der Regel sowieso tabu, abgesehen von einem untersuchenden Arzt, dem Pflegepersonal oder Dienstleistern, die eine direkte Berührung zur Ausübung ihres Berufs umsetzen müssen (Friseur, Fußpfleger und so weiter).

Die Distanz, die üblicherweise zwei Personen zueinander einnehmen, führen sie beispielsweise einen Smalltalk miteinander, beträgt in hiesiger Kultur etwa 50 cm bis 1 Meter.

Fachleute halten diesen Abstand in Viruszeiten für zu gering. Ein durch Tröpfcheninfektion übertragenes Virus hätte leichtes Spiel, von einem auf den anderen überzuspringen.

Es wird ein Abstand erwünscht, der mindestens 1,5 Meter beträgt. Für Menschen unserer Kultur wirkt dieser Abstand zu groß, um sich harmonisch miteinander austauschen zu können.

Die Gesprächspartner suchen ‚räumliche' Nähe. Es ist davon auszugehen, dass nach Eindämmung der Virus-Situation die Menschen wieder einander näherkommen werden. Harmonie, Vertrauen, Zuneigung bedeutet gewünschte, körperliche Nähe.

Solange die Gefahr der Ansteckung zu groß ist, gilt Abstand-Halten auch an Haltestellen, in Wartebereichen bei Essensausgaben und vergleichbaren Orten.

Begrüßungsrituale

Das klassische und menschliche Nähe schaffende Händereichen ist tabu. Bloß nicht! Hier würden die Viren regelrecht von einem zum anderen übertragen, so wird befürchtet.

Was ist zu tun? Das Reichen der Hand zeigt Nähe und in der Regel den Wunsch nach Austausch, Gemeinsamkeit, Zusammensein, Freundschaft und so weiter. Keine Nähe mehr zeigen?

Tja damit ist vorerst Schluss. Nicht mit der Freundschaft, wohl aber mit dem Handreichen. Solange das Virus sein Unwesen treibt. Es gilt: Absolutes Vermeiden des gegenseitigen Händedrückens – was angesichts eines Abstands von 1,5 bis 2 Metern sowieso recht schwierig wäre.

Wie grüßen sich die Menschen? Nun, ein freundliches Zulächeln, einen verbalen Gruß äußern, eventuell eine Hand winkend heben. Schon gilt das als korrekter Gruß, sogar auf gesellschaftlichem höchsten Parkett (sofern dort noch Treffen stattfinden).

Hand aufs Herz

Eine schöne Variante ist es, wie in einigen muslimischen Ländern üblich, die rechte Hand aufs Herz zu legen, eine leichte Verbeugung anzudeuten und somit einen freundlichen Gruß zu übermitteln.

Wie gefällt folgende Begrüßung: Der Gast wird begrüßt mit „Namaste" (sinngemäß: „Ich grüße das göttliche Licht in deinem Herzen.") oder – im Süden Indiens – „Namaskaram".

Dabei werden die Handflächen aneinandergelegt, sodass die Fingerspitzen unter dem Kinn nach oben zeigen. In hiesigen Gefilden passt natürlich eine deutsch ausgesprochene Begrüßungsformel.

Ellenbogengruß

Und dann wurde er plötzlich entdeckt, der sogenannte Heinsberger Gruß. In Heinsberg, einer Stadt in Nordrhein-Westfalen, löste nach einer Karnevalsveranstaltung sehr wahrscheinlich als erstes das Virus eine Infektionskette aus. Offensichtlich hatte es gleich mehrere ‚Narren gefressen'. In Zeiten wie diesen wird diesbezüglich großzügig auf das vertrauensvolle und intime Händeschütteln verzichtet.

Wollen sich zwei Menschen begrüßen, stoßen sie ihren rechten Ellenbogen aneinander.

Auch möglich, die Unterarme so zueinander führen, dass sie sich an der Außenseite berühren. Nach der Krise wird es wieder so werden wie vorher. Oder nicht? Wir werden sehen.

Faustgruß

Nun, wenige Jahre später, 2022/2023 zeigt sich, dass der Ellenbogengruß eher seltener eingesetzt wird. Nachdem für die meisten Menschen das Gefühl entstanden ist, die Gefahr des Ansteckens habe nachgelassen, nimmt die grüßende Berührung wieder zu.

Die rechte Hand zur Faust geformt. Die Begrüßenden strecken den Arm aus, sodass sich die Fäuste berühren. Die beiden stehen so weit es geht auseinander, um bewusst die gewünschte Distanz einzuhalten.

Corona-Partys

Noch im März 2020, einen Tag vor der bekanntgegebenen Verhängung der Ausgangsbeschränkungen in Nordrhein Westfalen begrüßten sich einige Menschen (bedauerlicherweise überwiegend Jugendliche) gezielt und bewusst mit Handschlag und dem zweifelhaften Grüß „Corona".

Einer geht auf den anderen zu und streckt die Hand zum Gruß aus. Der andere reicht seine Hand automatisch, fast reflexartig. Schon ist der Handschlag vollführt, nicht immer zur Begeisterung des Begrüßten.

In dieser Zeit wird bekannt, dass sich viele Personen (auch wieder überwiegend junge Leute) gezielt zu sogenannten Corona-Partys treffen, auf denen ausgiebig gefeiert wird.

Dabei wird bewusst die körperliche Nähe gesucht und gezeigt, dass dem Virus getrotzt werden soll.

Hoffentlich muss der eine oder andere dieses Vorgehen nicht durch einen bösartigen Krankheitsverlauf büßen.

Isolation und Quarantäne

Eine Quarantäne bedeutet eine behördlich angeordnete, befristete Isolierung von Menschen.

In der aktuellen Situation geht es darum, dem Virus die Basis zu entziehen, auf andere Menschen überzugreifen. Die Verbreitung des Virus soll verhindert werden.

Das Wort Quarantäne bezieht sich auf das italienische Wort ‚quarantena' was für 40 (‚quaranta') Tage steht.

Als im 14. Jahrhundert die Pest die Welt in Atem hielt, belegte das reiche Venedig ab dem Jahr 1374 eintreffende Handelsschiffe mit einer 40-tägigen Anlegesperre. Venedig war vom Handel extrem abhängig und auf Güter angewiesen, die aus der damaligen Welt von weit her importiert wurden.

Die Verantwortlichen in Venedig erkannten, dass die Pest über diese wichtigen Handelswege verbreitet wurde.

Nach 40 Tagen wurde davon ausgegangen, dass ein Schiff frei der Pest war, sodass es in Venedig anlegen dürfte. 40 Tage mit teilweise verderblicher Ware an Bord.

Mit einer Mannschaft, die schon monatelang auf dem Seeweg unterwegs war und nun zum Nichtstun verurteilt wurde.

Inkubationszeit

Die Dauer einer Quarantäne richtet sich nach der sogenannten Inkubationszeit (lat. ‚incubare' für ‚ausbrüten'). Das ist die Zeit, die der Krankheitserreger braucht, um sich im Körper zu vermehren, sodass die ersten Symptome erkannt werden können. Sie ist demnach die Zeit von der Ansteckung bis zum Beginn der Krankheit. Sie wird mit 5 bis 6 Tagen im Durchschnitt angegeben. Natürlich kann es schneller gehen oder viel länger dauern.

Dummerweise kann ein infizierter Mensch bereits infektiös
(ansteckend) sein, ohne eigene Anzeichen der Krankheit zu
bemerken. Politiker und Virologen halten eine Quarantäne-
zeit von 14 Tagen (maximale Dauer der Inkubationszeit)
für ausreichend.

Rückkehrer von Auslandsaufenthalten werden aufgefordert,
sich selbstständig sofort in eine 14-tägige Quarantäne zu
begeben. Wer eine Quarantäne-Anordnung nach dem Infektionsschutzgesetz missachtet, riskiert eine empfindliche
Strafe. Das kann eine Geldstrafe bis hin zu einer Freiheits-
strafe bedeuten.

Auf dem Kreuzfahrtschiff isoliert

Über 3700 Passagiere und Besatzungsmitglieder wurden
auf einem Kreuzfahrtschiff im Hafen der japanischen Stadt
Yokohama unter Quarantäne gestellt. Es hatte sich ergeben, dass 10 Infizierte an Bord waren.

Nach Aufheben der Quarantäne waren angeblich etwa 700
Menschen erkrankt und mindestens 6 verstorben. Es wird
von katastrophalen und unorganisierten Zuständen an Bord
berichtet. Die vielleicht gut gemeinte Quarantäne sollte
verhindern, dass das Virus nach Yokohama eingeschleppt
würde.

Die Folge war aber, dass im ‚geschützten' Raum des Kreuz-
fahrtschiffes das Virus unkontrolliert zuschlagen konnte.

Isolation in Altenheimen

In Seniorenheimen, Altersresidenzen und anderen Einrichtungen, in denen Menschen leben, die zu den ältesten in
unserer Gesellschaft zählen, stellt sich schnell die Frage
nach Abschottung. Je nach Bundesland werden Bestim-
mungen verordnet, die ein absolutes Besuchsverbot zur
Folge haben. Die Befürchtung ist groß, dass von außen das
Virus eingeschleppt würde.

Allerdings pendeln Beschäftigte vom vermeintlich geschützten Raum über den öffentlichen Raum in ihre privaten
Wohnungen. Nicht auszuschließen, dass sich jemand dort
infiziert.

Unbewusst und ungewollt wird der Erreger in die Einrichtung gebracht.

Leider gelingt es bei allerstrengsten Maßnahmen in einigen Häusern nicht, das Virus außen vor zu lassen. Hier und dort werden Bewohner oder Mitarbeiter positiv getestet. In Folge werden alle dort lebenden und arbeitenden Menschen getestet und positiv Getestete noch weiter isoliert.

In einigen Häusern lässt sich die befürchtete Todeswelle nicht vermeiden. Mit Stand von Anfang April ist etwa die Hälfte aller Bewohner in einem Wolfsburger Haus infiziert. 29 sind gestorben (Stand 7.4.2020, Quelle www.hna.de).

Natürlich ist nicht eindeutig geklärt, ob alle aufgrund des Virus gestorben sind. Hat der geschützte Raum des Altenwohnheims hier wie eine Falle funktioniert?

Null Covid

Im Laufe der Zeit entwickeln sich in den Ländern unterschiedliche Strategien, wie dem Virus beizukommen ist. So meint ein Staat, alle Impfungen wegzulassen, da dann irgendwann die Bevölkerung durch Infektion und Genesung immun gegen das Virus sein müsste.

Ein anderer Staat ist der Meinung, möglichst viele Menschen zu impfen, damit das Virus wenig Chance hat zu mutieren und sich weiterhin zu verbreiten. Außerdem verliefen Infektionen dann nicht mehr heftig bis tödlich, da ja eine gewisse Grundimmunität geschaffen würde.

China beispielsweise setzt auf die Strategie Null Covid. Die Bevölkerung wird sukzessive und in Massentests verpflichtend getestet. Wird nur ein Bewohner oder eine Bewohnerin positiv getestet, wird von jetzt auf gleich der betroffene Straßenzug, manchmal das komplette Viertel – und manchmal sogar die Stadt hermetisch abgeriegelt.

Keiner darf mehr rein oder raus. Quarantäne, Isolation, 100-prozentiger Lockdown sind die Folge.

Menschen, die sich in diesem Augenblick zufälligerweise im abgeschlossenen Viertel befinden, haben Pech. Sie dürfen es nicht mehr verlassen, solange die Quarantäne gilt.

Grenzen geschlossen

Eine ganze Menge Länder schließt die Grenzen. Australien hatte 19 Monate lang, fast 600 Tage, seine Außengrenzen geschlossen. Australier, die nach einem Urlaub zurückkehren wollten, durften nicht einreisen.

Viel später wurden vereinzelt Sondergenehmigungen zur Ein-/Ausreise ausgestellt.

Die Stadt Melbourne erlebt einen 240-tägigen Lockdown.

Hygienemaßnahmen

Es kribbelt in Ihrer Nase: Sie merken, gleich müssen Sie niesen oder husten? Nur keine Panik! Wenden Sie sich von Ihrem Gesprächspartner ab.

Niesen

Versuchen Sie, so geräuscharm wie möglich zu niesen. Benutzen Sie, wenn möglich, ein Papiertaschentuch.

Vor Zeiten der Corona-Krise galt (und möglicherweise danach auch wieder): Niesen Sie in Ihre linke Hand! Die rechte Hand ist die Grußhand und sollte deswegen nicht als ‚Niesschutz' verwendet werden.

Gegebenenfalls entschuldigen Sie sich kurz mit einem dezent gemurmelten „Entschuldigung".

Die anderen Anwesenden wünschen Ihnen keineswegs „Gesundheit". Dieser höflich gemeinte Wunsch ist überholt, bedeutet er doch, dass Sie offensichtlich krank sind. Und wer möchte die niesende Person indirekt als krank bezeichnen?

Benutzen Sie die linke Hand, wenn Sie niesen oder auch husten müssen. Sie kommen dann nicht in Verlegenheit, Ihrem Gegenüber die (rechte) Hand zu reichen (oder einen Gegenstand zu überreichen), auch wenn Sie gerade einen Hustenanfall hatten.

Corona hat den Menschen beigebracht, in die linke Armbeuge zu niesen oder zu husten.

Manche empfinden das nicht als sehr hygienisch, fürchten sie doch Tröpfchen, Flüssigkeiten oder eben Viren nun in ihrer Kleidung zu haben oder in der Armbeuge, so denn beispielsweise gerade ein T-Shirt getragen würde.

Allemal ist das Niesen in die Armbeuge oder in die linke Hand besser als in die rechte, mit der Türklinken, Haltestangen oder anderes angefasst werden.

Finger aus dem Gesicht

Grundsätzlich – auch außerhalb von Infektionszeiten – berühren Menschen viel zu häufig ihr Gesicht. Sie kratzen an ihrer Haut, fassen an die Nase, stützen das Kinn auf, reiben sich am Auge und so weiter.

Haben Sie selbst schon einmal beobachtet, wie häufig Sie mit Ihren Fingern an Ihr Gesicht kommen? Über solch ein Vorgehen freuen sich natürlich alle möglichen Bakterien und Viren, finden sie doch einen leichteren Weg über Mund- und Nasenschleimhaut in die Lunge zu gelangen.

Ruckzuck gelangt der Bösewicht in den Körper, wo ihn der Mensch nicht haben will.

Vermeidung? Nun, ganz einfach, zumindest theoretisch: Möglichst wenig bis gar nicht mit den Fingern ans Gesicht fassen.

Mundschutz – Atemschutzmaske

Kaum zu glauben: Mundschutz ausverkauft! Drogerien, Apotheken, Großhändler – nichts zu machen. Der Bedarf an Mundschutz ist riesengroß. Krankenhäuser, Pflegeeinrichtungen, Labore, Sozialeinrichtungen und andere suchen verzweifelt nach diesen Schutzmasken.

Der reguläre Verkaufspreis liegt bei weniger als 50 Cent. Plötzlich tauchen Angebote im Internet sowie in diversen Apotheken auf, wo eine Maske (eine!) für 13 Euro oder mehr angeboten (und verkauft) wird. Angebot und Nachfrage oder hemmungsloser Wucher?

Die Masken, die an sich nur zum einmaligen Tragen gedacht sind, müssen zwangsläufig häufiger verwendet werden. Der Schutz wird von Mal zu Mal geringer. Kreative
Menschen beginnen, Mundschutz-Masken aus eigenem
Stoff zu basteln. In einigen Städten und Ländern entstehen
dabei ausgefallene Designs und Farbgebungen.

Branchenfremde Unternehmen bieten sich an, Gesichts-
masken herzustellen, so ihnen die Regierung garantiert,
dass auch später noch auf die Produkte zugegriffen wird.
Die Investition und Einrichtung von Maschinen kostet viel
Geld, der Preis der Masken wird deshalb geringfügig höher
sein, als die im Ausland produzierten.

Politiker verbreiten tagelang, dass sie versuchen, weltweit
Masken einzukaufen. Das klappt nur bedingt, erlassen doch
einige produzierende Staaten ein Exportverbot für die Masken. Hin und wieder ist eine Millionenlieferung (die nur für
wenige Tage ausreichen würde) im Anflug – und wird dann
plötzlich auf irgendeinem Flughafen während eines Zwi-
schenstopps gestohlen.

Einige Fachleute sprechen sich dafür aus, Bürger und Bürgerinnen nur noch mit Gesichtsschutz aus dem Haus zu
lassen. Andere empfehlen eine Maskenpflicht im öffentlichen Personennahverkehr. Politiker wiegeln das als unnötig
ab, wobei der tatsächliche Grund hin und wieder genannt
wird: Es gibt nicht genügend Masken. Und die, die vorhanden sind, werden in Krankenhäusern und anderen Stellen
viel dringender gebraucht. Mehrfach wird gefordert und bestätigt, dass in Zukunft Deutschland bestimmte Produkte
wieder mehr im eigenen Land oder zumindest in Europa
produzieren solle. Wir werden sehen. Bekanntlich regiert
Geld die Welt.

Heiße Diskussionen gab und gibt es immer noch, ob
rechtlich verordnet werden darf, einen Mund-Nasenschutz
tragen zu müssen.

Schauen wir nach Asien, sehen wir, dass viele Menschen
im öffentlichen Bereich ganz selbstverständlich und
unvoreingenommen mit Mundschutz auftreten.

Sie schützen sich selbst gegen Umweltschmutz und schädliche Partikel, die sich in der Luft befinden. Als angenehmen Nebeneffekt schützen sie auch andere, gerade dann, wenn die Nase tropft oder die eigene Gesundheit nicht optimal ist. Viele Asiaten wundern sich über die Unbekümmertheit der Deutschen und anderer Europäer, die so unvorsichtig und ungeschützt durch das öffentliche Leben gehen.

Medizinische Maske oder FFP2-Maske?

Nach dem Run auf die Masken ist wieder Ruhe eingekehrt. Es sind genügend Masken vorhanden. Jetzt gibt es heftige Diskussionen, wer bei welcher Gelegenheit und an welchem Ort eine Maske tragen soll.

Stundenlang werden in TV-Talks die Pros und Kontras ausgetauscht. Immer wieder gibt es neue Regeln, die politische Institutionen vorgeben, teilweise unterschiedliche in den einzelnen Bundesländern.

Die medizinischen Masken, die klassischerweise in Krankenhäusern bei Operationen getragen werden, dienen hauptsächlich dem Fremdschutz. Die FFP2 Maske (engl. ‚Filtering Face Piece' für ‚Filtermaske') bringt zusätzlich noch einen Selbstschutz, möglichst nicht infiziert zu werden.

Verräterische Gesichtszüge

Bekanntlich funktioniert die menschliche Kommunikation über drei Kanäle: den verbalen (gesprochenes Wort), den paraverbalen (Stimme, Betonung und so weiter) und den nonverbalen (beispielsweise Körpersprache). Zum letztgenannten Kanal gehören Gestik, Mimik, Bewegung des Körpers. Nicht umsonst heißt es: „Der spricht mit Händen und Füßen." Blickkontakt, Gesichtszüge, Lächeln, Stirnrunzeln und vieles mehr unterstreichen das verbal Ausgedrückte in seiner Vielfältigkeit der sprachlichen Nuancen.

Werden Teile des Gesichts abgedeckt (zum Beispiel durch einen Mund-Nasen-Schutz), sind eine Reihe nicht-sprachlicher Signale nicht mehr zu erkennen.

Um Missverständnisse so gering wie möglich zu halten, erfordert das von den Gesprächspartnern eine erhöhte Aufmerksamkeit untereinander. Die Wahrnehmung muss noch mehr sensibilisiert und geschärft werden.

Das ist vielleicht gar nicht so schlecht, reden doch viele Menschen ungewollt aneinander vorbei. Auch nach Ende der Corona-Einschränkungen sollen diese Sensibilisierungen Vorteile bringen.

Hände waschen und desinfizieren

Überall wird gemahnt, die Hände sooft wie möglich intensiv mit Seife zu waschen. Desinfektionsmittel sind tagelang ausverkauft und erscheinen dann zu extrem überhöhten Preisen bei dubiosen Anbietern.

Es scheint verwunderlich, dass eine zivilisierte Gesellschaft dazu aufgefordert werden muss, regelmäßig die Hände zu waschen. Macht sie das nicht sowieso? Leider gibt es immer wieder Berichte, dass sich Menschen nach Benutzung der Toilettenräume die Hände nicht waschen. „Ich habe ja gar nichts angefasst", ist oft die Ausrede.

Dass sich tatsächlich – und gerade in Toilettenräumen – unsagbar viele Krankheitserreger befinden, daran scheint gar nicht gedacht zu werden. Viele Türgriffe sind Überträger dieser für uns nicht sichtbaren Bakterien und Viren, wie aber auch Griffe an Haltestangen, Abspültasten, Wasserhähnen und so weiter. Der Hygienedienstleister Rentokil befragte 6.000 Büroangestellte im Alter von 18 – 65 Jahren (GA 22.11.2013) und fand heraus:

In Deutschland verbringt ein Angestellter 46 Stunden pro Jahr auf dem Firmen-WC; Männer brauchen dort 8 Stunden mehr als Frauen.

3,6 Prozent blättern in Papieren.

39 Prozent waschen sich nach WC-Besuch nicht immer die Hände.

Die Zahlen sind zwar schon wenige Jahre alt, sind aber trotzdem sehr ernüchternd. Bedeutet das Hygiene?

Also, nicht nur, um etwa eigene Keime zu entfernen, sondern auch um möglichst keine anderen an sich herankommen zu lassen: Intensiv die Hände waschen und dabei nicht auf Seife verzichten; besonders zwischen den Fingern und an den Fingerspitzen.

WC-Papier in (der) Not

In Deutschland kann jederzeit alles gekauft werden. Auf Märkten, in Geschäften, im Internet. Tatsächlich alles? Wie sieht es mit Toilettenpapier aus?

Hans Klenk (1906 – 1983) hatte eine sehr originelle Idee. Im Jahr 1928 gründete er in Ludwigsburg die erste Fabrik zur Herstellung der Krepp-Papierrollen in Deutschland. Was ihn dazu bewog, ist nicht bekannt. Trotzdem gut, dass er diese Idee verwirklichte.

Eine Rolle Toilettenpapier bestand damals aus 1.000 Blatt. Heute werden Rollen mit verschiedenen Blattzahlen angeboten.

Dem Produkt musste ein Markenname gegeben werden. Die Anfangsbuchstaben des Gründernamens Ha und Kle mussten herhalten und daraus wurde das Kunstwort Hakle. Unter diesem Namen wurde das Toilettenpapier weltbekannt.

Wikibooks.org listet im Jahr 2012 auf, dass der moderne Mensch im Laufe seines Lebens 3.651 Rollen Toilettenpapier verbraucht. Laut einer Angabe derselben Quelle (April 2020) verbrauchen die Deutschen pro Jahr zwischen 2,5 und 3 Milliarden Toilettenpapier-Rollen. Das entspricht einem Gewicht von 18 kg pro Bundesbürger pro Jahr.

Hamsterkäufe

Im März 2020 geschieht Ungewöhnliches. Offensichtlich reichen dem Deutschen 18 kg nicht mehr aus. Der Verbrauch – genauer der Kauf – steigt rapide an, teilweise bis auf 700 % der Durchschnittswerte (Nachricht am 26.03.2020)!

Plötzlich wird von Hamsterkäufen berichtet.

Böse Zungen behaupten, die Corona-Krise habe wohl vielen auf den Magen-Darm-Trakt geschlagen. Unzählige YouTube-Videos und TV-Reporte zeigen Filmausschnitte, die Toilettenpapier kaufende Kunden zeigen. Diverse Einkaufswagen sind gefüllt mit gestapelten Packungen diverser Rollen, so hoch wie es die Physik gerade noch zulässt.

Berichte über leere Supermarktregale setzen die Bevölkerung in Aufregung und veranlassen weitere Menschen, wahllos WC-Papier zu egal welchen horrenden Preisen zu kaufen.

Sprecher politischer Parteien und der Regierung betonen immer wieder, dass es genügend Vorrat gäbe. Kunden sollten sich zügeln. Die versteckte Botschaft lautet: „Nur keine Panik! Keine Aufstände oder Plünderungen!"

Supermärkte beschränken den Kauf auf eine Packung pro Kunde und übertragen diese Regulierung auch auf viele andere Hygieneartikel.

Wer vernünftig nachdenkt weiß, dass Hamsterkäufe in solch einer Situation keine Probleme lösen können. Im Gegenteil – sie schaffen neue Schwierigkeiten. Irgendjemand meinte: „Hamsterkäufe sind ansteckender als das Virus."

Klo-Papier importieren?

Die Stuttgarter-Zeitung.de berichtet am 11.06.2013 über einen Zustand, der sich (damals) in hiesiger Kultur kaum nachvollziehen ließe.

Das südamerikanische Venezuela litt unter Toilettenpapiermangel. Und zwar monatelang.

Venezuela plant 50 Millionen WC-Papier-Rollen zu importieren, die in kleinen Mengen abgegeben werden sollen. Militär soll den Verkauf überwachen, damit es zu keinen Ausschreitungen kommt.

Nicht nur das Wort ‚Klo-Papier' taucht in jenen Tagen ständig und bei aller Gelegenheit und Berichterstattung auf.

Ironie des Schicksals: Das oben erwähnte Toilettenpapier-Unternehmen meldet im September 2022 Insolvenz an.

Die Nudel zieht ein langes Gesicht

Viele Bürger und Bürgerinnen haben es auch auf Teigwaren abgesehen. So stehen verzweifelte Kunden oft vor leergefegten Nudelregalen. Es wird wahrscheinlich Monate dauern, bis die Bundesbürger den gehorteten Vorrat an Teigwaren verzehrt haben.

Überraschenderweise gibt es plötzlich auch keine Hefe mehr zu kaufen. Backen die Menschen wieder mehr zu Hause?

Traurig: Es gab sogar Berichte von sich zankenden und aufeinander einschlagenden Kunden um die letzte Packung Ware.

Bargeldlos zahlen

Wer mag ausrechnen, wie häufig ein Geldschein von verschiedenen Menschen angefasst wird? Immer wieder wird behauptet, dass das Virus, sollte es auf einen Schein geraten sein, nicht allzu lange überleben kann. Was heißt das, nicht allzu lange?

Es reicht ein Infizierter, dem ein ‚Tröpfchen' auf den Geldschein fiel, der Kassiererin eben jenen Schein, den sie mit ihren ungeschützten Fingern anfasst, in das Kassenschubfach legt und dem nächsten Kunden zurückreicht.

Wie verhält sich das Virus? Hat es sich an die Fingerkuppen der Kassiererin geheftet? Sie greift sich an ihre Nase, weil es jetzt gerade juckt? Oder wandert es zum nächsten Kunde, der sich nun Besitzer des Geldscheines nennen darf?

Wer soll das nachvollziehen? Nicht umsonst sind viele Geschäfte dazu übergegangen, ausschließlich eine bargeldlose Bezahlung zuzulassen.

Manchmal wird dazu eine Kreditkarte oder eine andere Bankkarte übergeben, was dem vermeintlichen Virus auch den Weg zu einem anderen Menschen erleichtern könnte.

In vielen Fällen allerdings wird die Karte in ein Lesegerät gegeben – oder noch besser – über ein Lesegerät gehalten und der Rechnungsbetrag wird abgebucht.

In vielen Ländern dieser Welt ist es schon lange gang und gäbe, auf den Austausch von Bargeld zu verzichten. Selbst kleinste Beträge werden mithilfe von Karten oder anderen Systemen beglichen.

Die Vorteile der bargeldlosen Zahlung liegen auf der Hand: Kein mühsames Zählen des Bargelds am Ende des Arbeitstages, weniger Risiko, in einen Raubüberfall zu geraten, weniger Chance des Betrugs (absichtlich, zum Beispiel durch Personal oder unabsichtlich, durch falsches Herausgeben des Wechselgeldes). Kein Falschgeld als Wechselgeld und so weiter.

In einigen Ländern würde ein Kunde schief angeschaut, würde er einen noch so kleinen Betrag bar bezahlen wollen. „Hat der keinen Kredit bei seiner Bank?", so mag sich der Verkäufer fragen.

Wenige Länder in Europa haben den Austausch von 1- und 2-Cent-Münzen abgeschafft. Auf dem Papier existieren sie noch, im Geldverkehr wird allerdings entweder auf- oder abgerundet.

Das klappt prima. Nur Deutschland tut sich schwer. Immer wieder wird das Bild der älteren Kundin an der Supermarktkasse bemüht, die unter Anstrengung in ihrer Kleingeld-Börse nach den passenden Cents sucht. Gehört dieses Bild bald der Vergangenheit an?

Vielleicht hilft die Corona-Krise auch hier mehr Vertrauen in den bargeldlosen Zahlungsverkehr aufzubauen. Die Hygiene dankt.

Übergriffe und Betrügereien

In Ausnahmesituationen, so wie sie durch die Corona-Situation entstanden sind, wittern zwielichtige Gestalten sofort die Möglichkeit, Gewinn zu erzielen. An sich kein unkluger Gedanke. Tatsächlich sucht die genannte Zielgruppe ihren Gewinn zum Nachteil anderer zu finden.

Nicht mehr so gut.

Betrug

Nur wenige Tage dauerte es, bis die ersten Enkel-Trick-Betrüger und -Betrügerinnen aktiv wurden. Die Begründung des vermeintlichen Enkels war die nun behauptete Notsituation aufgrund von Ausgangsbeschränkungen, drohender Insolvenz und andere.

Wenige Tage später klingelten die nächsten Betrüger an der Haustür, um einen Corona-Test vorzunehmen. Ein Täter nimmt möglichst umständlich und aufwendig mit einem angeblichen Teststäbchen Proben aus der Mundhöhle des Aufgesuchten, während der andere auf die Suche nach Verwertbarem geht.

Variante: Die Wohnung müsse desinfiziert werden. Noch eine Variante: Geldscheine müssen desinfiziert werden, die dann heimlich gegen Falschgeld ausgetauscht werden oder als solche identifiziert – und natürlich – eingezogen werden müssen. Oder das Geld wird direkt als gefälscht bezeichnet.

Betrüger sind an der Haustür unterwegs, um angebliche Corona-Schutz-Versicherungen abzuschließen. Das Ende der betrügerischen Fahnenstange wird noch lange nicht erreicht sein.

Zumindest scheint die Zahl der Wohnungseinbrüche zurzeit rückläufig zu sein. Das mag daran liegen, dass viel mehr Menschen zu Hause sind und der Einbruch leicht entdeckt werden könnte.

Wucher

Hygieneartikel wie Desinfektionsmittel zu Wucherpreisen im Internet anzubieten, ist die eine Sache. Werden medizinisch nutzlose, ungeprüfte, eventuell sogar gefährliche Wundermittel wie Test-Sets, Pillen, Impfungen und andere angeboten, wird es unter Umständen schon kriminell.

Dem Käufer wird nicht nur Geld vom Konto gezogen. Er geht möglicherweise ein erhebliches gesundheitliches Risiko ein.

Gewalt

Handgreifliche Übergriffe vor leer gekauften Supermarktre-
galen, gewollte Rempeleien in der Warteschlange, bewuss-
tes Anhusten von Passanten – das ist unfassbar in einer
Gesellschaft, die sich als zivilisiert bezeichnet.

Hilfs- und Rettungskräfte wie Unfallärzte, Krankenhausper-
sonal, Polizisten, Sanitäter, Schutzpersonal und viele andere werden nicht nur verbal, sondern auch physisch atta-
ckiert.

Es wird geschlagen, getreten, gespuckt. Weshalb dieses
Verhalten? Sind alle diese Menschen psychisch krank?
Wenn ja, weshalb sind es dann so viele?

Personen, die helfen wollen, werden als Gegner betrachtet.
Birgt die Situation als solche nicht schon genügend Aufre-
gungspotenzial?

Zumindest könnte die oben beschriebene, schwelende Ag-
gression so lange zurückgehalten werden, bis wieder einigermaßen regulärer Umgang möglich ist.

Verschwörungstheorien

Bei einigen Menschen gibt es immer eine unterschwellige
Bereitschaft, hinter Katastrophen ähnlichen Zuständen eine
Verschwörung zu wittern. Mal sind es die Chinesen, dann
die Russen oder die US-Amerikaner, die das Virus als biologische Waffe in die Umwelt gebracht haben.

Oder sind es gar fremde, außerirdische Mächte, die versuchen, auf diesem Weg die Menschheit auszurotten? Sie
hätten dann mehr Platz, sich selbst ansiedeln zu können.

Vielleicht steckt hinter dem Ganzen auch eine bestimmte
Gruppe von Menschen, die Böses tun nur um des Bösen
Willen. In der Vergangenheit gibt es leider genügend trau-
rige Beispiele hierzu.

Die Betreiber der sozialen Plattformen haben unter anderem die Aufgabe, Fake News herauszufiltern und zu lö-
schen. Trotz aller unterstellter Energie, die hierfür aufge-
wendet wird, lassen sich die Verschwörungstheorien nicht
ausrotten. Hoffentlich gelingt das bei dem Virus besser.

Impfgegner

Überraschend schnell werden Impfstoffe entwickelt und zugelassen, damit sich die Impfwilligen schützen können und um die Ausbreitung des Virus zu bekämpfen.

Als führend zeigt sich hierbei das Unternehmen Biontech aus Mainz.

Anfangs entstehen ‚heiße' Kämpfe um die ersten ausgelieferten Chargen der Impfdosen. Die Menschen müssen sich zur Impfung anmelden, lange auf einen Termin warten, um den begehrten Stoff zu erhalten.

Dabei ergeben sich hässliche Kommentare gegen ‚Vordrängler', die noch gar keine offizielle Zulassung zur Impfung haben.

Nach mehreren Jahren pendeln sich Angebot und Nachfrage ein, sodass sogar ohne Voranmeldung geimpft wird.

Genauso schnell wie der Impfstoff entwickelt wurde, treten Impfgegner lautstark ins öffentliche Bewusstsein. Einige nennen sich Querdenker, andere Impfskeptiker oder Corona-Leugner. Sie verharmlosen die Ansteckungsmöglichkeiten, verneinen die Wirkung des Impfserums oder behauptet, dass Impfen körperlichen Schaden oder sogar tödliche Folgen haben kann.

In diesem Zusammenhang werden neben möglicherweise gerechtfertigter Kritik auch Unwahrheiten verbreitet, sei es aus Unwissen oder sei es mit voller Absicht.

Einige Impfgegner treten äußerst aggressiv auf. In Idar-Oberstein erschießt ein 50-Jähriger einen 20-jährigen Tankstellenmitarbeiter, da er von ihm aufgefordert wurde, wie vorgeschrieben einen Mundschutz zu tragen.

Bedauerlicherweise machen auch gefährliche Tipps und Desinformationen die Runde. Angebliche Mittel, die gegen das Virus anstelle einer Impfung helfen sollen. Hinweis: offizielle Stellen machen darauf aufmerksam, dass keine der unten genannten ‚Tipps' hilfreich sind – im Gegenteil sogar gefährliche Situation auslösen können.

-       Einsprühen mit Chlor oder Alkohol

- Vitamin C zusätzlich einnehmen
- Verstärkt Nikotin zuführen
- Gefriermittel oder Desinfektionsmittel trinken
  (Achtung: kann tödlich sein!)

Sogar ein amtierender US-Präsident verbreitet die Nachricht mit dem Desinfektionsmittel.

Wer Bedenken vor möglichen Risiken hat, kann sich auf seriösen offiziellen Seiten informieren.

Appell der Fairness

Jeder klar denkende Mensch kann dazu beitragen, soweit es möglich ist, Ruhe zu bewahren und fair den anderen gegenüber zu sein. Zwangsläufig wird es Konstellationen geben, die ein Einzelner als unfair, benachteiligend oder sogar als falsch einstuft.

Um eine Situation wie der aktuellen Herr zu werden, bedarf es eines kühlen Kopfes. Genauer gesagt nicht nur eines Kopfes, sondern vieler kühlen Köpfe. Wohl jeder kann helfen, die Bemühungen der Verantwortlichen und Engagierten zu unterstützen und Regeln weitestgehend zu befolgen.

Gründe für bestimmte Einschränkungen sind bekannt und in fast allen Fällen auch gut nachvollziehbar.

Würde jeder seiner eigenen Strategie oder seinem Empfinden für richtig und falsch folgen, käme es zu einem fürchterlichen Durcheinander. Zusätzlich zu den beängstigenden Handlungen aktuell. Was wäre die Folge? Anarchie? Revolten? Aufstände? Das muss nicht sein.

Besser ist es, Wege und Möglichkeiten zu finden, mit der Situation und den daraus entstehenden Folgen einigermaßen vernünftig umzugehen.

Teil 2 – Digitale Kommunikation

Telearbeitsplatz

*Die Dinge verstehen wollen heißt,
sie aus der Nähe betrachten und aus der Ferne beurteilen.*
**Karl Friedrich Theodor Georg Ludwig von Oertzen, dt. Lyriker
(1829 - 1910)**

Verstärkter Einstieg in die digitale Welt

Kurzarbeit, Quarantäne, abgesagte Urlaubsfahrten, Ausgangsbeschränkungen und so weiter nötigen viele, überwiegend zu Hause zu bleiben und dort, sofern möglich, ihrer Arbeit nachzugehen.

Glücklicherweise ist die Technik bereits so weit entwickelt, online Kontakte zu halten und mit weltweit einsetzbaren Systemen online arbeiten zu können.

Gespräch über das Netz

Telefonkonferenzen, Digital-Unterricht, Online-Vorlesungen und viele andere Angebote mehr. Ja, das gab es vor Corona alles auch schon. Jetzt ist die Nachfrage nach diesen Techniken teilweise so extrem gestiegen, dass die Netze überlastet sind und die Server teilweise sogar zusammenbrechen.

Der steigende Gedanke an den Schutz der Umwelt sowie die Corona-Situation, hat in vielen Unternehmen zwangsläufig zum verstärkten Einsatz der digitalen Kommunikations-Techniken geführt. Sonst wäre ein Aufrechterhalten der zwischenmenschlichen Kommunikation fast nicht mehr möglich gewesen.

Die Anbieter der Kommunikations-Plattformen optimieren ihre Systeme mit rascher Geschwindigkeit.

Digital Natives

Unsere Gesellschaft behauptet immer wieder, dass Kinder und Jugendliche, bildhaft gesprochen, als ‚Digital Natives‘ in die Digitale Welt hineingeboren wurden – und, ebenso bildhaft, darin leben.

Trotzdem ist es für die meisten jungen Leute etwas Neues, plötzlich mit einem Online-Schulunterricht oder mit Online-

Vorlesungen konfrontiert zu sein. Dasselbe gilt auch für viele Lehrkräfte und andere Unterrichtende.

Es zeigt sich glücklicherweise schnell, dass nach einigen technischen Herausforderungen die meisten mit den verwendeten Programmen fast spielerisch umgehen können.

Bei der älteren Generation mag es schon ein wenig mehr Aufwand sein, sich solch einer Technik zu bedienen. Nicht jeder hat eine Webcam zu Hause oder ist es gewohnt, sich täglich in dieser Art auszutauschen. Es sollte aber nicht unterschätzt werden, dass sehr viele – auch ältere – Menschen sehr wohl Smartphone-Telefonieren mit der face-to-face-Methode, also beim Gespräch den Gesprächspartner sehen zu können, problemlos und gerne nutzen.

Im beruflichen Umfeld wird aufgrund der Einschränkungen der Bewegungsfreiheiten auch mehr auf die digitale Kommunikationswelt zugegriffen. Videokonferenzen werden zur Alltäglichkeit.

Videokonferenzen und virtuelle Meetings

Bei der professionellen Umsetzung, vom Homeoffice zum Unternehmenssitz und zum Büro des Mitarbeiters, der gegebenenfalls auf einem anderen Kontinent seinen Einsatzort hat, sind – zeit- und geldsparend – Konferenzen umsetzbar.

Immer mehr Menschen setzen sich mit Fragen zum Umweltschutz auseinander. Kommen die Teilnehmer zum Meeting aus verschiedenen Standorten angereist, ist das mit einem höheren Zeitaufwand und vor allem mit zusätzlichen Kosten verbunden.

Telemeeting

Was liegt näher, allein schon aus diesen Überlegungen, sowie im Sinn des Umweltschutzes, Telemeetings umzusetzen? Videokonferenzen, Telekonferenzen, Webkonferenzen oder Online-Meetings können andere Bezeichnungen für diese Art des Meetings sein.

Wie sieht es mit dem klassischen, wöchentlichen Meeting im Unternehmen aus? Der regelmäßige Kontakt spiegelt sich im Wort Meeting wider.

Das Wort kommt aus der englischen Sprache ‚to meet', was bedeutet ‚sich treffen' oder einander ‚begegnen'. Meeting bedeutet demnach im übertragenen Sinn Besprechung, Beratung, Verhandlung, Zusammenkunft oder Vergleichbares.

Diese Bezeichnungen implizieren den Austausch untereinander. Ursprünglich ist bestimmt das physische Zusammenkommen gemeint.

Vorteile von Telemeetings können sein:

Reisekosten und Anreisezeit entfallen.

Teilnehmerinnen und Teilnehmer können von überall aus der Welt zugeschaltet sein. (Achtung: Zeitverschiebung).

Beschäftigte, die zu Hause sind, zum Beispiel im Homeoffice, können vom heimischen Arbeitsplatz aus teilnehmen.

Diejenigen, die dienstlich – egal wo auf der Welt – unterwegs sind, können sich ebenso ins Meeting einklinken.

Mögliche Nachteile:

Die technischen Voraussetzungen müssen einwandfrei sein, damit jeder schnell zugeschaltet ist und dem Geschehen aktiv folgen kann. Das problemlose und rechtzeitige Einwählen muss gewährleistet sein.

Ist die Verbindung stabil? Hält die Verbindung oder stürzt hin und wieder die eine oder andere ab?

Meist fehlt der Gesamtüberblick über das Verhalten aller Teilnehmer. Wie reagieren diese bei Aussagen oder Kommentaren? Wie ist die Körpersprache, die Mimik?

Mehr Disziplin als üblich ist erwartet. Ansprechen mit Namen, gegenseitig ausreden lassen und so weiter.

Die Moderation

Zu Beginn eines Telemeetings bittet die Leitung, also die Moderation, beziehungsweise der Einladende die Teilnehmer, störende Hintergrundgeräusche auszublenden. Es hat sich als gut erwiesen, wenn Teilnehmer ihr Mikrofon auf stumm (mute) schalten, solange sie keinen eigenen Beitrag einbringen. Sprechen sie, dann schalten sie ihr Mikro ein.

Aufpassen, wenn mehrere gleichzeitig reden. Bei einigen Programmen hat die Leitung die Möglichkeit, alle Anwesenden ‚auf stumm‘ zu schalten.

Der Moderator, die Moderatorin, wird zu Beginn des Telemeetings die Anwesenden mit Namen begrüßen, damit jeder weiß, wer am Treffen teilnimmt. Die/der Moderierende achtet gut darauf, dass jeder seine Redebeiträge einbringen kann und niemand übergangen wird.

Die Teilnehmer werden darauf hingewiesen, dass die Konferenz möglicherweise aufgezeichnet wird. Die Moderatorin braucht unter anderem dazu die Zustimmung aller.

Die Leitung bittet die Anwesenden, bei Fragen an eine Person diese direkt mit Namen anzusprechen und zu Beginn eines Beitrags immer den eigenen Namen zu nennen, sofern dieser nicht eingeblendet wird. Auf diese Weise wird das Kreuz- und Querreden minimiert und einem Verlust der Orientierung vorgebeugt.

Eigene Redebeiträge sind möglichst kurz und aussagekräftig zu halten, um endlose Monologe und Wiederholungen einzuschränken. Es wird gut vernehmbar, ohne zu nuscheln und auch nicht zu schnell, gesprochen, um Missverständnisse oder Rückfragen zu vermeiden.

Parallel zum bildhaften Austausch können Teilnehmer miteinander chatten. Das hilft, die Kommunikation aller untereinander geordnet und übersichtlich zu halten.

Bei der Chat-Funktion gibt es in der Regel einmal die Möglichkeit im Forum zu chatten (alle können die Beiträge lesen und kommentieren) oder nur mit einem ausgesuchten Gesprächsteilnehmer.

Wie beim klassischen Meeting wird die Moderation abschließend die Teilnehmenden verabschieden.

Qualität von Bild und Ton

Gerade dann, wenn Firmenfremde, sonstige Außenstehende oder Gäste an Videokonferenzen teilnehmen, muss das von der Webkamera aufgenommene und wiedergegebene Bild einwandfrei sein.

Damit ist nicht nur die Qualität des übertragenen Bildes (und des Tons) gemeint, sondern auch die Accessoires, die im Hintergrund des Bildes zu sehen sind.

Allein schon aufgrund des Datenschutzes dürfen keine sensiblen Informationen ‚aus Versehen' übertragen werden. Ordnerrücken mit verräterischen Namen oder Hinweisen zu Projekten sind nicht für fremde Augen gedacht. Wandkalender mit Markierungen, Namen, Vermerken und so weiter gehen andere nichts an.

Privates, wie Fotos der ‚Lieben', halb ausgetrunkene Kaffeetassen, Plüschtiere und Ähnliches wirken sehr schnell unprofessionell.

Je nach gewähltem Programm und Einstellungen können alle geöffneten Seiten auf den (anderen) Rechnern eingesehen werden. Deshalb passt die einladende Person gut auf, dass sie alle Dateifenster, auf die sie nicht beabsichtigt zuzugreifen, vor Beginn der Konferenz schließt.

Es wird nicht vergessen, die Webkamera richtig auszurichten und darauf geachtet, dass sie nicht etwa in eine grelle Lichtquelle filmt.

Einige dieser Überlegungen für das berufliche Umfeld trifft auf das Private selbstverständlich auch zu. Je nach Technik beziehungsweise eingesetztem Programm kann es im privaten Umfeld sein, dass immer nur einer reden kann.

Der andere ist in dieser Phase unter Umständen nicht hörbar. So ist eine gewisse Disziplin gefragt, den anderen immer ausreden zu lassen – oder umgekehrt, ihm die Möglichkeit zu geben, auch reden zu können, ohne unterbrechen zu müssen.

Bei klassischen (Telefon-) Gesprächen wird empfohlen, hin und wieder ein zustimmendes Geräusch abzugeben. So weiß der andere, dass Sie noch da sind. Hierbei eignen sich eingestreute Äußerungen wie „Ja, richtig, aha", und ähnliche.

Wird durch solch einen Einwurf jeweils die Übermittlung unterbrochen beziehungsweise ausgeblendet, sollten sie unterbleiben.

Homeoffice – Die Arbeit von zu Hause aus

Viele Arbeitnehmer machen erste Erfahrungen mit dem Homeoffice.

Ausgangssperre und die Reduzierung von persönlichen Kontakten erzwingen regelrecht in einigen Berufen die Arbeit von zu Hause aus. Diejenigen, die klassischerweise an oder mit einem Computer/Laptop/Tablet arbeiten, haben in der Regel einen besseren Zugriff zur Arbeit außerhalb des ‚eigentlichen' Arbeitsplatzes.

Was spricht gegen die Arbeit an anderer Stelle? Beispielsweise haben Befragungen gezeigt, dass tatsächlich ein beachtlicher Teil der im Homeoffice Arbeitenden zugibt, teilweise ineffizient zu arbeiten.

Dabei zeigt sich einer der Hauptgründe: umständliche Arbeitsabläufe, veraltete Technik, schwieriger Zugriff auf firmeninterne Unterlagen.

Der zweite Grund liegt in der deutlichen Ablenkung, die im häuslichen Umfeld erfolgt. Hierzu zählen beispielsweise die verlockende Benutzung des Smartphones sowie der Zugriff auf die sozialen Netzwerke. Alle paar Minuten immer mal wieder schauen, wer möglicherweise eine Nachricht hinterlassen hat – und was es sonst Neues oder Interessantes zu erfahren gibt.

Deshalb haben manche Unternehmen klare Vorgaben zur Benutzung privater Smartphones erlassen. Sie wollen damit erreichen, dass zumindest hier kein bis möglichst wenig Arbeit- und Aufmerksamkeitsabfluss beklagt werden muss.

Kontrolle versus Vertrauen?

Es gibt noch einen weiteren Punkt zu bedenken. Befindet sich ein Mitarbeiter direkt im Büro nebenan, besteht eine gefühlte Kontrolle seiner Arbeit. Zumindest wird angenommen, er befinde sich an einem Arbeitsplatz, an dem er verständlicherweise auch arbeiten würde. Bei Misstrauen oder zu Kontrollzwecken genügt ein Gang ins nächste Zimmer. Wie soll das beim Homeoffice möglich sein?

Ja, natürlich gibt es technische Möglichkeiten, ständig auf dem Rechner der Person zu sein oder unangefragten Zugriff zu haben. Nach dem Prinzip: „Vertrauen ist gut, Kontrolle ist besser." Auch ein zeitversetzter, späterer Zugriff ist denkbar, sowie gespeicherte Arbeitsprotokolle.

Inwieweit diese ständige Kontrolle dem Arbeitsschutz unterliegt, soll hier nicht vertieft werden.

Hat der Arbeitgeber kein Vertrauen in den Mitarbeiter, schließt sich eine vernünftige Arbeit im Homeoffice aus. Es darf und muss unterstellt werden, dass ein gegenseitiges Vertrauen Voraussetzung für die erfolgreiche Zusammenarbeit im Homeoffice sein soll. Es ist lediglich die Frage des Führungsstils, wie die Arbeitsleistung des Mitarbeiters erkannt und anerkannt wird.

Für viele Beschäftigte klingt die Arbeit zu Hause zuerst einmal als verlockend. Ein Grund ist bereits die Überlegung, dass die Arbeit – zumindest theoretisch – zeitlich am Tag beliebig eingeteilt werden kann. Unterbrechungen sind möglich, wann immer gewünscht oder erforderlich. Eine Erfassung der tatsächlichen Arbeitszeit kann technisch problemlos eingerichtet werden.

Der Vorteil für denjenigen, der zu Hause arbeitet: Er kann früh morgens oder spät abends arbeiten, so wie es ihm am besten passt und wie er ungestört Bestleistung erzielen kann. Natürlich ist dieses Vorgehen vorher mit dem Vorgesetzten abgesprochen.

Muss jemand wegen eines positiven Corona-Testergebnisses isoliert bleiben, kann er nur bei nicht eingeschränkter

Gesundheit problemlos in den eigenen vier Wänden arbeiten. Das trifft zumindest auf die Beschäftigten zu, die üblicherweise ihre Arbeit online umsetzen können.

Einrichtung des Homeoffice

Ein Laptop lässt sich fantastisch problemlos an vielen Stellen in der Wohnung aufklappen und ist ganz schnell startbereit.

Allerdings: Vernünftiges Arbeiten auf dem Küchentisch oder auf einem kleinen Beistelltisch im Schlafzimmer neben der aufgespannten Wäschespinne kann und darf sicher nicht als optimaler Arbeitsplatz angesehen werden. Ablagemöglichkeiten fehlen, Ablenkung ist zu erwarten, Arbeitsabläufe werden unterbrochen. Das sind natürlich keine guten Voraussetzungen für ein ideales Arbeitsumfeld.

Der ideale Arbeitsplatz zu Hause

Abgesehen davon – der Arbeitgeber darf (muss) die Gegebenheiten des Arbeitsumfeldes nachprüfen, um die Sicherheit am Arbeitsplatzes seines Mitarbeiters zu gewährleisten. Es müssen ‚vernünftige‘ und sichere Situationen vorgegeben sein, so wie es am Arbeitsplatz im Unternehmen auch sein sollte.

Wenn möglich, sollte ein Extraraum als Homeoffice genutzt werden können. Privates ist weitestgehend aus diesem Raum verbannt. Die Arbeitsfläche ist groß genug und es stört niemanden (also auch keine anderen Familienangehörige), sollten Arbeitsunterlagen ein paar Tage ausgebreitet liegenbleiben. Der Bürostuhl ist ergonomisch geformt und passt in der Sitzhöhe zur Arbeitsfläche.

Der Raum soll gut beleuchtet sein, speziell muss der Arbeitsplatz gut ausgeleuchtet werden. Das vermeidet eine schnelle Übermüdung, das damit verbundene Steigern von Flüchtigkeitsfehlern bis hin zu schwerwiegenden Fehlern.

Abgesehen davon kann ein unpassend eingerichteter Arbeitsplatz gesundheitliche Beschwerden hervorrufen – Knochen-, Nacken- oder Rückenschmerzen, Muskelverzerrungen, Brennen der Augen und so weiter.

Ideal ist Tageslicht. Ist der Raum gut zu lüften? Lassen sich die Fenster problemlos öffnen?

Diese und andere Kriterien sorgen für ein reibungsloses Arbeiten von zu Hause aus. Sollten Sie im Homeoffice arbeiten, verwenden Sie im Vorfeld genügend Zeit darauf, sich ihren Arbeitsplatz so ideal wie möglich einzurichten. Schließlich wollen Sie eine längere Zeit dort arbeiten.

Vielleicht wird auch nach Überwindung der Corona-Ausnahmesituation ein häufigeres Arbeiten im Homeoffice denkbar.

Datenschutz

Wie jeder Beschäftigte im Unternehmen, muss der Homeoffice-Mitarbeiter vorsichtig sein, was den Datenschutz betrifft. Sensible Daten, wie zum Beispiel Rückschlüsse auf personenbezogene Informationen gehören nicht in das Blickfeld Dritter! Das gilt auch für die Personen, die sich im gleichen Haushalt befinden.

Das hat wenig mit Vertrauen zu tun. Denn es gilt, gesetzliche Vorschriften zu beachten. Diese sind unbedingt einzuhalten.

Zögern Sie nicht, bei Unklarheiten diesbezüglich zeitnah einen Austausch mit dem Vorgesetzten zu suchen oder (sofern vorhanden) den betriebsinternen Datenschutzbeauftragten zu kontaktieren.

Struktur des Arbeitsablaufes

Planen Sie genau, von wann bis wann Sie jeweils eine Arbeits- oder eine Ruhepause einlegen wollen. Stellen Sie sicher, dass Sie möglichst ungestört arbeiten können. Sprechen Sie das auch mit denjenigen ab, die sich im selben Wohnbereich befinden.

Auch wenn es bequem erscheint: Essen und Trinken am Arbeitsplatz gilt als ungesund. Das gilt im Büro genauso wie zu Hause im Homeoffice. Gönnen Sie sich eine Pause, um einen Snack oder eine Mahlzeit in Ruhe einzunehmen und verlassen Sie dazu den Arbeitsplatz.

Austausch mit Kollegen

So schön das unbeobachtete und freie Arbeiten zu Hause sein kann, eines fehlt: der direkte Kontakt zu Kollegen und Kolleginnen.

Im Einzelfall mag das bestimmt angenehm sein. Auch lässt sich viel ungestörter arbeiten als im Unternehmen am dortigen Arbeitsplatz.

Gehören zum Arbeitsauftrag nicht Telefonate oder ständiger Videoaustausch mit anderen, kann die Arbeit doch relativ schnell eintönig werden und ein Gefühl der Einsamkeit auslösen.

Viele mögen sagen: „Ach, für einen oder zwei Tage pro Woche geht das schon." Das mag sein.

Wie sieht eine komplette Woche aus, ohne die Kollegen und Kolleginnen zu sehen? Was geschieht mit einem Menschen, wenn er gar einen ganzen Monat ohne den direkten Austausch mit seinen Kollegen oder Kolleginnen arbeiten darf/muss?

Soziale Verkümmerung

Der Mensch als soziales Wesen benötigt den Austausch mit anderen Personen. Und zwar nicht nur per Kamera. Er braucht den persönlichen Kontakt, die räumliche Nähe.

Da genau diese bei der Corona-Situation vermieden werden soll, kann der eine oder andere schnell in ein gewisses Dilemma geraten.

Immer vorausgesetzt, dass der direkte Besuch am Arbeitsplatz nicht möglich oder nicht gewollt ist, bleibt dem Einzelnen nun gar nichts anderes übrig, als sich in seinen eigenen 4 Wänden zu bewegen.

Vielleicht hat er zumindest noch eine andere Person in seinem Haushalt oder eventuell sogar eine Familie, mit der er sich außerhalb der Arbeit austauschen kann.

Es kann aber auch sein, dass er zu den Alleinlebenden gehört. Die Chance, gerade in der aktuellen Situation eine Partnerin oder einen Partner zu finden, ist geringer als sonst.

Also muss sich der Betroffene mit der Situation abfinden und das Beste daraus machen, was immer ihm möglich ist.

Nicht hängen lassen!

Das Einzige, was einen gewissen Trost verspricht, ist die Tatsache, dass Millionen von Menschen in vergleichbarer Situation sind.

Um nicht gänzlich ‚abzusacken', empfehlen Psychologen und Coaches, sich auch im Online-Kontakt so zu verhalten, wie es im Präsenzfall üblich wäre.

Gut vorbereitet bei der Kontaktaufnahme, Lächeln, den Gesprächspartner mit Namen ansprechen, Vereinbarungen einhalten, und statt ständiger Klagen lieber das Positive erwähnen.

Es wird empfohlen, sich ‚korrekt' zu kleiden. Das heißt so, wie es in der realen Welt vor Ort geschehen würde. Die Redewendung ‚Dienst ist Dienst und Schnaps ist Schnaps' bedeutet die strikte Trennung beruflicher Tätigkeit am oder vor dem Monitor von Aktionen im privaten Haushalt.

Auch wenn es noch so verlockend scheinen mag, soll also auf private Freizeitkleidung vor dem Monitor verzichtet werden. Eine gewisse Eigendisziplin soll dabei helfen, ein gewünschtes Niveau zu halten.

Hygiene einhalten und das äußere Erscheinungsbild sind so, wie es vom klassischen Arbeitsort gewohnt ist.

Täglicher Kontakt per Telefon

Um einen häufigen, wenn auch virtuellen, Kontakt zu halten, könnte der im Homeoffice Arbeitende zum Beispiel zu Beginn der Arbeit mit seinem Vorgesetzten telefonischen Kontakt oder ein Telefonat via face-to-face-System herstellen.

Es könnte besprochen werden, was ‚heute ansteht' oder ‚bis dann und dann' erledigt sein soll.

Nebenbei ergeben sich auch Informationen über das Arbeitsumfeld, die mit der ‚eigentlichen' Arbeit nichts zu tun haben müssen.

Auch ist es denkbar oder sogar als willkommene Abwechslung zu betrachten, sich mal mit diesem oder jenem Kollegen telefonisch, mit oder ohne Bild, auszutauschen. Manchmal ergeben sich auch kleine Projekte, die sich zu zweit leichter erledigen lassen.

Der Austausch kann auch sicherstellen, dass nicht ungewollt zwei Personen an derselben Idee arbeiten, ohne voneinander zu wissen.

Werfen Sie mal eine Frage zu einem bestimmten Vorgehen auf, um von den Vorschlägen anderer profitieren zu können.

Werden vom Vorgesetzten Telemeetings anberaumt, versuchen Sie auf jeden Fall daran teilzunehmen. Bereiten Sie sich gut auf das Meeting vor. Überlegen Sie, welchen Beitrag Sie leisten können oder welche Fragen Sie stellen wollen. Bleiben Sie ‚im Gespräch‘ und up-to-date.

Zeigen Sie sich, damit Sie nicht aus der Erinnerung der anderen verschwinden.

Digitale und analoge Balance

Nach mehreren Monaten der digitalen Arbeit stöhnen Viele über den fehlenden physischen Kontakt.

Schüler und Schülerinnen, Studierende und andere Lernende sind begierig darauf, wieder in Präsenzform arbeiten und lernen zu dürfen.

Für viele Lernende und Arbeitende ist wichtig: Der Austausch in der Pause, an der Kaffeemaschine, ‚eben mal‘ zwischen Tür und Angel über den kleinen Arbeitsweg Informationen austauschen, eine Lösung finden, sich auf den ‚Stand der Dinge‘ bringen oder natürlich auch die Gerüchteküche brodeln zu lassen.

Die digitale Welt ist hervorragend – die analoge aber auch.

Solange Corona die Arbeitswelt beeinflusst, gilt es, ein gutes Mittelmaß zwischen den beiden Systemen zu finden und zu praktizieren.

Teil 3 – Emotionale Zusammenarbeit

Rücksichtnahme

Egoismus ist Einsamkeit.
**Johann Christoph Friedrich von Schiller, dt. Dramatiker
(1759 - 1805)**

Keiner ist allein

Etwa jeder dritte Deutsche hat Angst vor Vereinsamung im Alter! Eine erschreckend hohe Zahl. Ist doch erwiesen, dass Angst zu Unwohlsein, ja zu Krankheit oder zu Depression führen kann. Manch einer darf sich glücklich schätzen, wenn er auf ein intaktes und zwischenmenschlich freundliches Familienleben zugreifen kann.

Wie fühlt sich ein Senior, der nicht mehr aus dem Haus kommt und einfach niemanden hat, mit dem er sich austauschen kann?

Es muss gar nicht beschönigend drum herum geschrieben werden: Einsamkeit ist blöd! Natürlich gibt es einige Verfechter, die behaupten, dass es nichts Besseres als ein gewähltes oder ein gegebenes Alleinsein gibt. Wenn dem tatsächlich so ist, kann sich dieser Personenkreis als glücklich bezeichnen.

Die große Masse der anderen Alleinlebenden sieht das ganz anders. Nette Menschenliebhaber wollen den Begriff ‚alleinlebend' durch ‚einzelnlebend' ersetzt sehen. Das mag gut sein, ändert allerdings nichts an der Tatsache des Single-Lebens.

Wohl jeder weiß auch, dass es ebenso junge Menschen gibt, denen der mit ihnen zusammenlebende Partner fehlt. Allerdings kann auch der junge Mensch deutlich unter dem Alleinsein leiden, so wie der ältere.

Wer alleine lebt, dem fehlt beispielsweise ein Gesprächspartner, mit dem sich ständig über Erlebtes austauschen lässt.

Etwas drückt auf die Stimmung? Sorgen breiten sich aus, Verzweiflung bahnt sich an? Wo ist das vertrauensvolle Ohr, das verstehend zuhört?

In den eigenen vier Wänden gefangen

Das Beschriebene an sich klingt schon demotivierend. Junge, gesunde Menschen können problemlos nach draußen gehen. Viele Ältere auch. Einige aufgrund ihres fortgeschrittenen Alters oder aus gesundheitlichen Gründen sind in ihren vier Wänden gefangen.

Zu dieser Konstellation kommt nun die politische Aufforderung, die eigene Wohnung möglichst nicht mehr zu verlassen. Ausnahme sind Arztbesuche oder dringend notwendige Einkäufe. Auch sollen idealerweise keine Privatbesuche erfolgen. Das gilt auch für Familienangehörige. Enkel zu Besuch bei Oma? – Nein, gestrichen.

Ganz krass wird es in einigen Krankenhäusern und allen Senioreneinrichtungen. Es gilt ein striktes Besuchsverbot von Angehörigen (außer im Sterbefall). Es ist nicht erwünscht (manchmal verboten), dass Bewohner sich unnötigerweise außerhalb der Einrichtung aufhalten.

Tja, wo bleibt der menschliche Kontakt?

Häusliche Gewalt

Nur wenige Tage, nachdem die ‚freiwillige' Kontaktsperre beziehungsweise Kontaktreduzierung eingeführt war, wiesen die ersten Fachleute auf mögliche Risiken hin.

Die Risiken betreffen überwiegend Kinder oder Frauen, die vor häuslicher Gewalt oder sexuellen Übergriffen geschützt werden sollten. Aber wie?

Gerade der Raum, der die meiste Intimität (nicht sexuell gemeint) und Nähe bietet, nämlich das Zuhause in den eigenen 4 Wänden, wird jetzt zur möglichen Falle.

Wie sollten betroffene Kinder und Frauen ihren potentiellen Peinigern entkommen? Welche Möglichkeiten haben Kinder nun noch, Vertrauenspersonen außerhalb ihres Wohnraums anzusprechen? Keine!

Wie könnten geschlagene oder bedrohte Frauen unauffällig in ein schutzbietendes Frauenhaus flüchten? Gar nicht.

Natürlich gibt es auch Fälle, in denen ein Mann von seiner Partnerin unter Druck gesetzt oder Erziehungsberechtigte von ihren aufbrausenden und aggressiven jugendlichen Kindern drangsaliert werden.

Das über Jahre feingesponnene Netz der Hilfe für die Hilfesuchenden ist weitestgehend außer Kraft getreten.

Gefährliche Ausraster

Schon in ‚normalen' Zeiten tun sich manche Zusammenlebende schwer damit, den Wunsch des anderen nach Intimität und einem gewissen Rückzugsbereich zu akzeptieren.

Kleinigkeiten im Verhalten des anderen lassen dann schon mal den inneren Aggressionspegel ansteigen.

Die nicht ‚richtig' ausgedrückte Zahnpastatube, das schräg liegende Sofakissen, der augenscheinlich zu fade Kaffee oder, oder, oder …

Wie sollen Personen mit einer dünnen Haut der Akzeptanz diese Situation auf Dauer aushalten, ohne die Contenance zu verlieren? Auch wenn Psychologen betonen, dass diese Gefühle in allen Gesellschaftsschichten auftreten (können), sind nachvollziehbarerweise Haushalte auf begrenztem Wohnraum viel schneller in der Situation, die Contenance zu verlieren.

Die empfundene psychologische Belastung wird einfach zu heftig, sodass jemand die Kontrolle über sich selbst verliert. Brüllen, drohen, schlagen, verletzen und gegebenenfalls mehr können die Folgen sein. Wie soll sich der Angegriffene wehren?

Lebensgefährliche Depressionen

Auch die Entwicklung in die andere Richtung ist denkbar. Jemand gerät in eine große Schwermütigkeit, die in eine Depression münden kann.

Die Selbstachtung geht verloren, der Wille zum Weiterleben eventuell auch. Gedanken, das Leben zu beenden, können aufkommen.

Pillen, Alkohol, Drogen sind bestimmt kein Ausweg aus dieser fürchterlichen Situation.

Es darf davon ausgegangen werden, dass verantwortungs-volle Politiker sich hierzu Überlegungen gemacht haben, bevor Kontaktsperren aller Art auferlegt wurden.

Verbote sind schnell ausgesprochen. Viele Konsequenzen sind nicht bedacht oder können nicht vorhergesehen wer-den.

Auf der einen Seite müsste gewährleistet werden, dass die Hilfsorganisationen über Telefon oder Internet-Kontakte sensibel aber sofort reagieren.

Sie müssen mit genügend geschultem Personal ausgestat-tet sein, um überall dort eingreifen zu können, wo der Be-darf sichtbar wird.

Alltagsstruktur aufstellen

Auf der anderen Seite kann jeder, der in solch einer prekä-ren Situation lebt, dazu beitragen, das Risiko auf ein Mini-mum zu reduzieren.

So könnte es helfen, eine Alltagsstruktur aufzustellen, nach der der Tagesablauf erfolgt. Zu festgelegten Uhrzeiten ge-schieht dies und das.

Gerade dann, wenn Kinder ‚im Spiel' sind, heißt es, diese einzubinden und zu beschäftigen. Regelmäßiges Spazieren-gehen, soweit es zugelassen ist. Sich austoben lassen, dort wo es machbar ist. Gemeinsam auf Entdeckungstouren ge-hen und vieles andere mehr.

Erwachsene können Karten- oder Brettspiele ‚wieder ins Leben rufen', Belohnungen anbieten und so weiter.

Was nicht helfen wird, ist ‚sich hängen lassen'.

Stundenlang Computerspiele spielen, sich von TV-Serien von morgens bis abends berieseln lassen oder ‚bis in die Puppen' schlafen? Nein.

Aktiv werden! Nachbarn Hilfe anbieten, mal einen Schrank ausmisten oder – tatsächlich – eine ehrenamtliche Unter-stützung anbieten. Jeder ist gefragt, gerade in solchen ‚harten' Zeiten wie diesen, den das Virus dem Menschen besorgt, fürsorglich an sich selbst und andere zu denken.

Der unbekannte Nachbar

Der Nachbar liegt schon seit 3 Wochen im Krankenhaus.
„Das habe ich ja gar nicht gewusst."

Und weshalb nicht? Vielleicht deshalb nicht, weil kein Austausch stattfand und stattfindet?

Unserer Gesellschaft wird vorgeworfen, anonym Tür an Tür zu wohnen. Viele wissen nicht oder wollen gar nicht wissen, was ihr Nachbar macht. Jeder lebt sein eigenes Leben. Wie soll da Verständnis für den anderen aufgebaut werden? Noch diffiziler kann es werden, wenn der Nachbar aus einer anderen Generation oder aus einer anderen Kultur stammt.

Er bringt dann gegebenenfalls ganz andere Verhaltensmuster mit, denkt und handelt fremdartig.

Ist jemand ‚im Reinen' mit sich selbst, geht er davon aus, dass das eigene Handeln richtig ist. Nimmt er nun wahr, dass der Nachbar ein anderes Handeln zeigt, wird dieses schnell als falsch betrachtet.

Das Fremde erzeugt gegebenenfalls auch Ängste. Nachvollziehbarerweise wird nun versucht, sich gegen das Böse, das Fremde zu schützen.

Trifft dieser Mensch mit dem Nachbarn zusammen, ist die gefühlte Distanz oft zu spüren. Oft lässt sie sich auch an der Körpersprache ablesen.

Offenheit und Ungezwungenheit

Es fehlt manchmal die Offenheit und die Herzlichkeit sowie die Ungezwungenheit auf den anderen zuzugehen. So kann es niemand schaffen, den Nachbarn zu verstehen.

Im übertragenen Sinn ist nicht nur der Wohnungsnachbar gemeint, sondern auch Menschen aus anderen Städten, aus anderen Kulturen, aus anderen Ländern.

Drehen Sie den Spieß um! Gehen Sie offen und unvoreingenommen auf Ihren Nachbarn zu. Bleiben Sie freundlich,
kommunizieren Sie miteinander.

Profitieren Sie von der Andersartigkeit des anderen. Sie
werden Ihren Erfahrungshorizont deutlich erweitern können.

Durch die Kommunikation werden Sie den anderen besser
kennenlernen und verstehen, weshalb einer so oder so
handelt.

Das, was einer nicht kennt, erzeugt Angst. Je mehr einer
von einem anderen kennt, desto weniger Angst muss er
vor ihm haben.

Hilfe anbieten und Hilfe annehmen

Die aktuelle Situation bietet die große Chance, näher in
(unverbindlichen) Kontakt mit Nachbarn zu treten. Es sind
nicht immer nur die ‚Alten', die sich über eine Hilfestellung
freuen würden. Es gibt eine Reihe von Einschränkungen,
die einen Menschen an die Wohnung fesseln.

Manchmal geht es nur darum, um Kleinigkeiten zu besor-
gen, Medikamente in der Apotheke abzuholen, einen Brief
einzuwerfen oder vielleicht auch nur, um Glasflaschen zum
Container zu bringen.

Trotz aller zusätzlichen Herausforderungen und Veränderungen, die die aktuelle Situation einfordert, sollten solche
Hilfestellungen bestimmt machbar sein.

Warten Sie nicht, bis Sie angesprochen werden. Gehen Sie
Ihrerseits auf andere zu. Sie könnten beispielsweise auch
einen kleinen Anschlag im Treppenhaus anbringen, auf
dem Sie Ihre Hilfe anbieten. Kontaktaufnahme via Telefon.

Natürlich sollen Sie sich nicht ausnehmen lassen. Deshalb
haben Sie absolut auch das Recht, Nein zu sagen.

Nämlich dann, wenn die an Sie herangetragene Bitte aus
egal welchen Gründeß für Sie nicht umsetzbar ist. Oder
auch dann, wenn Ihre Hilfsbereitschaft ausgenutzt wird.

In Situationen wie diesen zeigt sich sehr schnell, dass es sich in der Regel um Kleinigkeiten handelt, die dem Nachbarn aber trotz allem wichtig oder dringlich zu erledigen scheinen.

Bedenken Sie auch, dass Sie selbst ebenso in eine Situation geraten können, in der Sie sich über eine Unterstützung freuen würden.

Wie riesig kann die Freude sein, wenn Notwendiges besorgt werden kann.

Nicht immer muss es sich um etwas Greifbares handeln. Häufig hilft auch nur ein kurzes Gespräch, ein Tipp, oder eine Information.

Vielleicht schafft es das böse Corona-Virus, wieder etwas mehr Menschlichkeit in viele anonyme Nachbarschaften zu bringen.

Gegenseitige Wertschätzung

Wertschätzen bedeutet, sich selbst und andere anzuerkennen, unabhängig erbrachter Leistungen oder Fähigkeiten.

Im Wort Wertschätzung stecken ‚Wert' und ‚Schatz'. Beide Wörter zeigen eine besondere Bedeutung.

Statt wertschätzen lässt sich auch sagen: achten, akzeptieren, anerkennen, respektieren, hochachten, hochhalten, (ver-)ehren, viel geben auf, und andere mehr.

Wer jemanden wertschätzt, zollt ihm Respekt. Er zeigt Wohlwollen im Sinne einer positiven Hinwendung. Er baut zum anderen eine sympathische Beziehung auf.

Wertschätzung bezeichnet die positive Hinwendung zu sich selbst und zum Gegenüber. Wer sich selbst wertschätzt, baut seine Selbstachtung, seinen Selbstwert auf. Es zeigt sich, dass Menschen mit gut ausgeprägtem Selbstwert von anderen auch wertgeschätzt werden.

Also heißt das, dass ein Mensch zuerst sich selbst achtet und sich mit allen seinen Stärken und Schwächen schätzen lernt.

Dann wird es ihm auch gelingen, anderen gegenüber wertschätzend und respektvoll aufzutreten.

Interessanterweise zeigen Menschen mit schwach ausgeprägtem Selbstwert anderen gegenüber eine geringe Wertschätzung. Hier ebnet sich sehr schnell der Weg zur Aus-
grenzung und zur Diskriminierung. Andere werden ‚gering-
geschätzt‘ bis hin zu ‚verachtet‘.

Sagen wir so: Eine gegenseitige Wertschätzung erhöht das
Selbstwertgefühl bei beiden. Eine tolle Win-Win-Situation.

Wie ist vorzugehen? Nun, begegnen Sie einander – zum
Beispiel Ihrem Nachbarn – lächelnd, positiv gestimmt und
auf gleicher Ebene. Die ersten Schritte sind getan.

Respekt

Der deutsche Bundeskanzler fordert mehr Respekt untereinander ein. Das tat er allerdings schon, bevor die Corona-
Krise einsetzte.

In ungewöhnlichen, ‚kritischen‘ Situationen wie der aktuellen, zeigen sich einige Menschen dünnhäutiger als andere.
Es besteht von Tag zu Tag die steigende Gefahr, dass Menschen aggressiv handeln, wo sie sonst ganz harmlos gehandelt hätten.

Schon zu üblichen Zeiten ergibt ein Wort schnell das andere, sodass es zu einer ungewollten, manchmal auch
handgreiflichen Auseinandersetzung kommen kann.

Ein Grund mehr, respektvoll zu handeln und eigene Bedürfnisse ausnahmsweise mehr zurückzunehmen, als Sie es
sonst täten.

Zeigen Sie deutlich Respekt und Anerkennung anderen gegenüber! Wieder soll der Duden herangezogen werden, der
hier die Begriffe Anerkennung, Bewunderung, Achtung –
und Wertschätzung beschreibt. Damit zeigt sich, wie diese
Begriffe und Verhaltensmuster ineinandergreifen.

Nun ist es gar kein großer Schritt mehr, das zwischenmenschliche Verhalten als respektvolles zu bezeichnen.

Regeln, Vorschriften und Gesetze helfen nur bedingt, Respekt untereinander aufzubauen. Respekt zeigen, kommt
von ‚innen‘ heraus.

Fehlender Respekt, also Respektlosigkeit, wird immer wieder von vielen Menschen beklagt. In vielen Gesprächen wie auch in den Medien wird immer wieder darüber berichtet, wie respektlos teilweise mit Einsatzkräften und Rettungskräften umgegangen wird. Polizisten werden beschimpft und bespuckt, Feuerwehrleute behindert, Ärzte und Rettungskräfte bedroht, bewusst geschubst oder manchmal sogar geschlagen.

Danke sagen – Solidarität zeigen

Die letzten Wochen haben gezeigt, dass sich auf der anderen Seite auch Solidarität findet.

Bekannt ist bestimmt das Beispiel aus Italien, wo sich Anwohner zu einer bestimmten Uhrzeit auf ihre Balkons oder an die Fenster gestellt und gemeinsam gesungen haben.

Andere Städte in Deutschland haben dem nachgeeifert. Zu einer bestimmten Uhrzeit am Abend stellten sie sich an die geöffneten Fenster und applaudierten den unzähligen Helfern und Helferinnen. Damit sollte ein Dankeschön an die unermüdlich arbeitenden Krankenpfleger und Pflegepersonal, Ärzte, Lkw-Fahrer, Beschäftigten im Einzelhandel und anderen gedankt werden.

Nachvollziehbarerweise sind die Menschen dieser genannten Gruppe über viele Tage hinweg im Höchsteinsatz. Ein kleiner Dank dieser Art schadet bestimmt nicht.

Auf der anderen Seite sollen all jene nicht vergessen werden, die gerade ihre berufliche Existenz verlieren, in tiefe Schulden geraten, aus denen sie möglicherweise nie wieder herauskommen werden.

Rücksichtnahme

Es ist leicht, über das Verhalten anderer zu schimpfen. Es ist schwieriger, das eigene Verhalten zu reflektieren.

Bestimmt gerät ein Mensch einmal in eine Situation, in der er sich – nachträglich betrachtet – ungeschickt, unhöflich oder vielleicht sogar beleidigend verhalten hat. Menschen dürfen Fehler machen; der Mensch ist keine Maschine.

Es wäre schön und es ist erstrebenswert, zwischenmenschlich entstehende Fehler zu minimieren. Gehen Sie auf andere zu, freuen Sie sich, dass es so viele verschiedene Charaktere auf dieser Welt gibt. Erfreuen Sie sich an der Andersartigkeit, profitieren Sie davon und bringen Sie Abwechslung und Bewegung in Ihr Leben.

Betrachten Sie andere Menschen mit anderen Augen. Viele von ihnen werden zurzeit große Probleme haben und nicht wissen, wie ihre Zukunft aussieht. Helfen Sie zumindest durch entsprechende sensible Rücksichtnahme.

Angst

Bei vielen Menschen steigt die Angst vor den Auswirkungen der Corona-Pandemie fast täglich. Umso schlimmer, wenn niemand wirklich wissen kann, wie sich die Pandemie weiterentwickelt.

Dass Furcht, Angst, Phobien in der Natur des Menschen liegen, ist bekannt. Wie aber mit der Angst umgehen?

Vielleicht so: Wer erkennt, was ihm Furcht macht hat eine größere Chance, mit der Angst umzugehen. Möglicherweise verliert er sogar die Angst vor der Situation, da sie erst einmal ‚gegeben scheint'.

So kann er die Angst gefühlt in positive Energie in sein Handeln umwandeln und mit der geänderten Anschauung Ängste überwinden.

Damit eröffnen sich neue Optionen, durch das Leben zu schreiten. Angst kann sogar dazu beitragen, fast übernatürliche Kräfte zu entwickeln. Sie hilft, Gefahren zu erkennen und verschafft die nötige Energie Herausforderungen anzunehmen, entschlossen zu handeln und trägt dazu bei, optimistisch in die Zukunft zu blicken.

Denn – irgendwann sollte die aktuelle Situation überwunden sein. Lassen Sie sich von der Angst nicht kaputtmachen - Stellen Sie sich der Angst und stärken dadurch Ihre Kräfte!

Optimistisch denken und handeln

Aus der lateinischen Sprache kommt das Wort ‚optimum‘, was das Beste bedeutet. Es findet sich im Wort Optimismus (‚optimus‘ für ‚am besten‘).

Im Gegensatz hierzu steht der Begriff Pessimismus. Das Lateinische ‚pessimus‘ heißt ‚am schlechtesten‘.

In der aktuellen Situation denken immer mehr Menschen pessimistisch. Tag für Tag hören sie neue – teilweise widersprüchliche – Neuigkeiten. Das macht sie ‚verrückt‘.

Die ersten sagen schon: „Ich kann's nicht mehr hören." Die nächsten äußern: „Das geht mir langsam auf die Nerven." Und die letzten drohen: „Wenn das noch lange so weitergeht, weiß ich nicht, wie ich mich verhalten werde."

Die Menschen sehen alles Schlechte und werden gedanklich immer weiter nach unten gezogen.

Das ist ein riskanter Weg, da diese eingeschlagene Richtung zum Beispiel zu einer Depression führen kann.

Auch wenn es nachvollziehbar ist, dass sich Menschen Gedanken machen – oder machen müssen, geraten sie unter Umständen in eine noch ausweglosere Situation.

Es ist leicht zu sagen, sich keinen zusätzlichen Stress aufzubauen. Aber zu viel Stress birgt die zusätzliche Gefahr, einen gesundheitlichen Schaden zu erleiden.

Also am besten – auch wenn es noch so ausweglos scheint – einen kühlen Kopf bewahren. So kann der Körper (und der Geist) entspannen, Kräfte sammeln und Energie in hilfreiche Strategien einbringen.

Der optimistisch eingestellte Mensch

Wenden wir uns dem Optimisten zu. Optimisten haben eine positive Lebenseinstellung, in der sie üblicherweise Gutes sehen und erwarten. Probleme werden als Herausforderungen bezeichnet und neue (im Sinn von ungewöhnlichen) Situationen werden von der ,besten' Seite betrachtet.

Der Optimist sucht und sieht Vorteile und das Schöne, weshalb er allgemein als heiterer, lebensbejahender Mensch bezeichnet wird. Er betrachtet trotz aller Tiefschläge oder zu durchlaufende schwierige Zeiten seine Zukunft als positiv.

Auch in einer kritischen Situation, wie die, die durch das Auftreten des Corona-Virus entstanden ist, gibt es – und muss es geben – Wege, die raus aus der Talsohle nach oben führen.

Dem Reformator Martin Luther (1483 – 1546) wird folgende Aussage (fälschlicherweise) zugeschrieben: „Wenn ich wüsste, dass morgen der jüngste Tag wäre, würde ich heute noch ein Apfelbäumchen pflanzen."

Diese Behauptung heißt, dass es auch bei der schlimmsten Aussicht immer noch sinnvoll ist, etwas für die Zukunft zu tun. Es lohnt demnach immer, die Hoffnung nicht aufzugeben, positiv zu denken und zu handeln.

Ist es abwegig, selbst in schlimmster Situation noch einen Hoffnungsschimmer zu haben? Nein. Wer überlegt, welche fürchterlichen Situationen die vor uns lebenden Generationen durchlaufen haben, darf nicht aufgeben.

Schlimmes überwinden – Pest und Cholera

Neben allen Naturkatastrophen, Hungersituationen und Kriegen seien hier beispielhaft Pest, Pocken und Cholera genannt. Wer erinnert sich noch an die Spanische Grippe (1918 – 1920, ca. 20 Millionen Tote) oder die Asiatische Grippe (1957 – 1958, ca. 4 Millionen Tote)?

Diese fürchterlichen Katastrophen sind lange überwunden. Oder ist das doch noch nicht so lange her?

Gäbe es nicht immer wieder genügend Menschen, die einen Weg aus einer Katastrophe suchen und finden, hätte die Menschheit schon lange aufgeben müssen.

Selbsterfüllende Prophezeiung

Interessant: Durch seine positive Lebenseinstellung wird dem Optimisten mehr gelingen als dem Pessimisten.

Der Optimist geht davon aus, dass alles irgendwann wieder gutgehen wird und eine Lösung gefunden wird. In diesem Sinn handelt er.

Das ist eine sehr gute Voraussetzung, aus der misslichen Lage einigermaßen ‚unverletzt' herauszukommen.

Bei dieser gedanklichen Einstellung greift die sogenannte selbsterfüllende Prophezeiung.

Der Optimist sieht eine unangenehme Situation als zeitweilig und vorübergehend an. Der Mensch trägt deutlich dazu bei, durch seine positive Lebenseinstellung sein Leben glücklich verlaufen zu lassen.

Dem Optimisten ist klar, dass Krisen zum Leben gehören. Er nimmt das nicht so tragisch. Im Gegenteil: Er sieht die Situation als ‚Erkenntnis' und als Training für das weitere Leben. Möglicherweise beeinflusst eine bestandene Tiefphase seine Ansichten, sodass er beispielsweise in Zukunft gelassener und stressfreier leben kann.

Optimismus ist lernbar

Eine optimistische Lebenseinstellung ist lernbar. Es darf behauptet werden, dass ein Pessimist, gegebenenfalls mit zeitlichem Aufwand und starkem Willen, seine Lebenseinstellung zum Optimisten wandeln kann.

Die einzige kleine zu überwindende Hürde ist, dass der Pessimist lernen will(!), Optimist zu werden. Der Erfolg liegt also bei ihm selbst.

Sollte er meinen: „Das bringt ja sowieso alles nichts", ist das Scheitern der ‚Wandlung' vorgegeben.

Positiv denken und sprechen

Um die Mathematik zu bemühen: Wer positiv denkt, hat mehr Grund sich zu freuen, da er sich über weniger ärgern muss. Die Lebensstrategie lässt das erkennen. Bei gutem Willen und bei genauem Hinschauen zeigt alles Mögliche irgendwelche Vorteile. Diese wurden anfangs möglicherweise noch nicht gesehen.

Wer sich bemüht, diese Vorteile zu erkennen und Wert zu schätzen, ist auf dem richtigen Weg, die Welt mit positiven Gedanken zu betrachten.

Nicht nur positives Denken und Handeln sind ausschlaggebend, sondern auch die Art und Weise, welche Wörter gewählt werden.

Es ist bekannt, dass das Ausgesprochene das Gedachte verbalisiert und damit die Gedanken verrät. Verwendet jemand häufig Wörter wie „Problem, Pech, immer ich, sinnlos" und vergleichbare, offenbart das seine pessimistische Denkweise.

Ist es nicht denkbar, Wörter wie „Herausforderung, Glück, wir alle, Möglichkeit" und andere zu verwenden? Lässt sich durch die Wahl bestimmter, in ihrer Bedeutung positiver Wörter unterstützen, positiv zu denken?

Mit einer positiven Grundeinstellung wird sich auch die aktuelle Corona-Krise überwinden lassen.

Erkenntnisse für die Zukunft

Das Virus hat die Welt im Griff. Wie lange (noch)? Es hat sie lange genug in Atem gehalten. Irgendwann wird es dem Menschen gelungen sein, die Ausbreitung der Infektionen zu minimieren, vielleicht sogar zu stoppen.

Es wird Medikamente geben. Ein jeweils wirksamer Impfstoff wird entwickelt sein, um Zukünftige vor dem Corona-Virus zu schützen.

In der Zwischenzeit – vom Ausbruch bis zur Rückkehr ins ‚normale' Leben – gibt es viel Leid, viel Tragisches und viel Trauer. Unzählige Tote sind zu beweinen. Milliardenverluste entstehen und werden noch Jahrzehnte die wirtschaftliche

Entwicklung beeinflussen, die Zahl der Karriere- und Geld-vernichtenden Insolvenzen ist in unglaubliche Höhen gestiegen und weitere stehen noch aus. Scheidungen als Folge nicht verkrafteter und verarbeiteter Probleme sowie Straftaten und Betrügereien sind zu beklagen.

Was lässt sich aus der Katastrophe lernen?

Vermutlich werden viele Menschen – zumindest vorübergehend – dem Konsum-Irrsinn weniger folgen. Einige werden erkannt haben, dass ein Menschenleben wichtiger ist als materielle Güter, protzige und luxuriöse Statusgüter. Was nützt der ganze Prunk und Glanz, wenn jemand das Leben verliert?

Viele werden sich die Frage gestellt haben, was im Leben wirklich wichtig ist. Die ewige Hatz und Jagd nach Geld und nach mehr Geld wird von einigen neu bewertet. Der Drang nach gesellschaftlichem und beruflichem Ausstieg, nach machtvoller Repräsentanz, ist das alles so wichtig?

Entschleunigung und Naturverbundenheit

In wieweit lässt sich das Leben entschleunigen? Muss immer alles sofort und bedingungslos schnell erledigt werden? Lieber einmal tief Luft holen, zurücklehnen und in aller Ruhe das erledigen, was in vernünftiger Zeit machbar ist.

Was hat Priorität, was lässt sich verschieben und gänzlich unbearbeitet lassen?

Aufgrund der eingeschränkten Reisemöglichkeit lernen viele die direkte Umgebung, die Schönheit der Natur und die Vielfältigkeit der unmittelbaren Nachbarschaft kennen. Viele lernen, das Schöne in unmittelbarer Nähe zu schätzen. Die Natur erhält eine Atempause im Sinne des Umweltschutzes – wie lange hält die Pause vor?

Digitaler Sprung nach vorn

Der Umgang mit technischen Möglichkeiten erlebt einen großen Sprung nach vorn. Die vorher immer wieder, oft vergeblich eingeforderte Digitalisierung ist präsent. Um zumindest den inzwischen erreichten Standard zu halten, wird nun schleunigst die digitale Infrastruktur ausgebaut werden (müssen). Ein Zurück kann es nicht mehr geben.

Der Umgang mit der digitalen Welt verändert Arbeitsplätze und die Art zu arbeiten. Es wird eine Weile dauern, bis eine optimale Ausgeglichenheit zwischen Erwartungen, Machbarem und Bezahlbarem wiederhergestellt wird.

Humane Orientierung

Sehr wahrscheinlich gehört zu den deutlichsten Veränderungen das zwischenmenschliche Miteinander. Nachbarn haben sich besser kennengelernt. Besuche von Familienangehörigen und Freunden verlaufen – zumindest anfangs – emotionaler und intensiver.

Die Wertschätzung diverser Berufsgruppen gegenüber ist angestiegen, hoffentlich auch deren Bezahlung. Zumindest sind das alles Hoffnungen und Vermutungen.

Menschen betrachten sich mit anderen Augen und gehen hoffentlich respektvoller miteinander um.

Wie nachhaltig wird alles sein?

Den Kokon verlassen

Eine Riesenchance tut sich auf. Für jeden – für alle. Nutzen wir sie.

Das Social Cocooning löst sich nach und nach auf. Die Raupe hat sich zu einem wunderschönen Schmetterling entwickelt. Der Schmetterling ist in Vergleich zu setzen mit dem ‚neu erwachten' Menschen, der augenscheinlich und vorsichtig seine Isolierung verlässt.

Der Mensch blinzelt in die gerade aufgegangene Sonne, streckt sich einmal prüfend, wie der Schmetterling seine Flügel ausspannen würde, und startet dann in eine hoffnungsvolle Zukunft.

Nutzen wir die Chance. Auf eine glückliche Zukunft.

Corona ist nicht allein

Neben der Corona-Pandemie kommen erschwerend die Auseinandersetzung rund um die Ukrainer und die damit verknüpften Energie-Probleme auf den Menschen zu, sowie die Inflation.

Die Überlegungen und Pläne zum Schutz der Umwelt verlieren trotz gegenteiliger Behauptung für Verantwortliche ihre Priorität.

Über Jahre angesammelte Sparanlagen verlieren an Wert, der Kaufpreis für Immobilien steigt hingegen unaufhörlich. Die Kosten für Energie und Nahrungsmittel steigen – scheinbar spürbar – täglich. Alles scheint teurer zu werden – vieles wird teurer.

Lohnerhöhungen erhält nicht jeder und wenn, gleichen sie die gestiegenen Kosten nicht aus. Der Staat greift in die eigenen Taschen und stellt ca. 200.000.000.000 € (200 Milliarden!) zur Verfügung. Das ist ein nicht mehr vorstellbar hoher Betrag, der die entstandenen Schieflagen trotzdem nicht ausgleichen kann.

Neben den Versuchen, mit materiellen Hilfen zu unterstützen, wird vom Staat empfohlen, teilweise verzweifelt versucht, die Bürger und Bürgerinnen zur vierten Impfung zu motivieren.

Nach den ersten beiden Impfungen gab es eine sogenannte Booster-Impfung oder Auffrischungs-Impfung genannt. Einige Monate später erfolgte eine vierte, die ursprünglich nur für Menschen ab einer bestimmten Altersgruppe vorgesehen ist, später aber auch für Menschen gedacht ist, die mit der ‚vulnerablen‘ (lat. ‚vulnus‘ für ‚Wunde‘; ‚vulnerare‘ für ‚verwunden‘) Gruppe zu tun hat oder selbst, zum Beispiel aufgrund von Vorerkrankungen, gefährdet erscheint.

Eine 5. Impfung steht für die gefährdete Zielgruppe an.

Enger zusammenrücken oder den eigenen Vorteil suchen?

Die Fragestellung zeigt bereits die beiden Pole dieses Gedankengangs.

Immer wieder wird in den Medien dargestellt, dass die Corona-Krise Menschen enger zusammenrücken ließe. Es heißt, das Verständnis für bestimmte Berufsgruppen

wachse, die Unterstützung von Menschen, die riskieren ins
Abseits gedrängt zu werden, steige an.

Bei Gesprächen im sozialen Umfeld, unter Studierenden
wie auch unter Senioren stellt sich ein komplett anderes
Bild dar. Bei genauer Betrachtung scheint sich herauszu-
stellen, dass bei Gefahr von außen natürlicherweise ein Zusammenrücken der Menschen erfolgt. Dieses Aufeinander-
zugehen scheint aber lediglich eine Art Zwangssymbiose zu
zeigen. „Ich bin nicht allein mit meinen Schwierigkeiten,
andere betrifft es ebenso." „Gemeinsam sind wir stärker
gegen die drohenden Gefahren als allein."

Tatsächlich gibt es immer wieder deutliche Beispiele, die
zeigen, dass jemand seine eigenen Bedürfnisse in den Vor-
dergrund schiebt. „Erst komme ich, dann schaue ich mich
um, wie es den anderen ergeht."

Aus dem ‚natürlichen' Egoismus, der dem Individuum hilft,
sich in der Gesellschaft zu behaupten, ist verstärkt ein ‚ag-
gressiver' Egoismus geworden. Die damit verbundene Un-
höflichkeit und Rücksichtslosigkeit werden von vielen berichtet, die im Einzelhandel mit dem egoistischen Verhalten
anderer Kunden konfrontiert werden.

Ein ‚nüchterner' Blick in den Straßenverkehr zeigt auch
dort erkennbar steigende Rücksichtslosigkeit untereinander. Nicht nur Autofahrer unter sich, sondern ständiges ris-
kantes Aufeinandertreffen zwischen Radfahrer und Autofahrer oder Fußgänger und Radfahrer. Dazwischen schlän-
geln sich die Lenker der Elektro-Roller, die aufgrund ihres
Verhaltens teilweise auch böse Situation heraufbeschwö-
ren. Gilt tatsächlich: „Jeder <u>gegen</u> jeden?"

Eine gedankliche Ebene höher scheint es solche Betrach-
tungsweisen auch zu geben. Europa, vertreten durch die
EU tut sich unglaublich schwer, mit <u>einer</u> Stimme nach außen aufzutreten und zu reden. Immer wieder gibt es Aus-
rutscher und Staaten, deren Vertreter eine Sonderbehand-
lung wünschen. Verständlicherweise gibt es verschiedene
Interessen zu vertreten. Der ‚Feind' ist allerdings für alle

derselbe. Fällt es deshalb so schwer, eine gemeinsame Sprache zu finden?

Selbstverständlich ist es keine Alternative aufzugeben. „Ich als Einzelner kann sowieso nichts tun." Stimmt das? Nun, ein Einzelner kann sicherlich die Welt nicht bewegen – oder doch? Schauen wir nur die unterschiedlichen Repräsentanten diverser Staaten an, die uns vorführen, dass ihre Entscheidung ab sofort gilt – unberücksichtigt der Interessen aller anderer.

Trotzdem kann jeder Einzelne in seinem sozialen Umfeld dazu beitragen, eine einigermaßen harmonische Situation zu schaffen. Er kann dabei helfen, eine gute Stimmung zu verbreiten und damit dazu beizutragen, die aktuellen schwierigen Phasen zu überstehen.

Stichwortverzeichnis

A

Abstand 22, 24
Aggressionspegel 59
Aktivismus, politische 20
Alleinlebende..................... 57
Alltagsstruktur 60
Alpha-Variante.................... 11
Altenheim 28
Alter.............................. 57
Angst.....................16, 57, 66
Anlegesperre 27
Anstecken 24
Ansteckung 27
Arbeitsplatz...................... 51
Armbeuge 30
Arzt 65
Asiatische Grippe 68
Asien............................. 32
Asterix und Obelix............... 17
Atemschutzmaske............... 31
Auffrischungs-Impfung 73
Ausraster 59
Austausch 53, 55

B

Balance, analoge, digitale 55
Bankkarte......................... 37
Bargeldlos 37
Begrüßungsritual 24
Belastung, psychologische ... 59
Besuchsverbot 28, 58
Beta-Variante..................... 11
Betrug 39
Blickkontakt 33
Booster-Impfung.................. 73
Bundesrat 20
Bundestag 20
Busch, Wilhelm 16

C

Caesar, Gaius Julius.............. 17

Cent-Stück........................ 38
Chat-Funktion 47
China............................. 19
Chinese 40
Cholera 68
Cocooning, social 9, 16, 72
Corona 16
Corona Virus Disease 2019 .. 19
Corona-Infizierte................. 19
Corona-Leugner 41
Corona-Party..................... 26
Corona-Virus 16, 17
Corona-Welle 11
Covid-19......................... 19

D

Danke sagen..................... 65
Datenschutz 48, 52
Delta-Variante.................... 11
Demokratie 22
Depression 59
Desinfektion...................... 34
Desinfektionsmittel.............. 34
Digital Native 44
Digitalisierung 71
Digital-Unterricht................. 44
Diskretion 22
Distanz 22, 23, 24
Distanz, persönliche............. 23

E

Eingriff 22
Einpuppen, soziale 16
Einrichtung....................... 51
Einsamkeit 53, 57
Einschränkung, extreme 21
Eintönigkeit...................... 53
Einzelhandel...................... 65
Ellenbogengruß.................. 25
Enkel 58
Enkel-Trick-Betrüger 39
Entschleunigung................. 71

Entschuldigung 30
Epidemie........................ 19
Epsilon-Variante................ 11
Eta-Variante.................... 11

F

face-to-face.................... 54
face-to-face-Methode......... 45
Fairness........................ 42
Falschgeld 39
Faustgruß 26
Feuerwehrleute 65
FFP2-Maske 33
Filtermaske 33
Finger...................... 31, 37
Fledermaus 18
Flugverkehr.................... 22
Frau, bedrohte 58
Friseur......................... 21
Führungsstil 50

G

Gamma-Variante 11
Geldschein 37
Gesetz 20
Gesicht.................... 31, 33
Gesichtszug.................... 33
Gesundheitssystem............. 19
Gewalt 40
Gewalt, häusliche............... 58
Grenze 30
Grippe......................... 68
Großbritannien 19
Gruß.......................... 25
Grußhand...................... 30

H

Hamsterkauf 35, 36
Hand 25
Hand, linke.................... 30
Hände waschen 34
Handelsschiff 27
Händereichen 24
Häusliche Gewalt 58
Heinsberg...................... 25

Heinsberger Gruß............... 25
Herz........................... 25
Hilfe 60, 62
Hilfestellung................... 62
Hilfesuchende 59
Hilfsorganisation 60
Hoffnung 68
Homeoffice 49, 50, 51
Hotspot 19
Husten........................ 30
Hustenanfall................... 30
Hygiene 30

I

Impfgegner 41
Impfskeptiker.................. 41
Impfstoff 70
Impfung................ 29, 41, 73
Infektionsschutzgesetz......... 28
Infizierte...................... 28
Inkubationszeit 27
Isolation 27, 28
Isolierung 27
Italien........................ 19

J

Japan......................... 28

K

Kind.......................... 60
Kindergarten 21
Klenk, Hans 35
Klo-Papier 36
Knigge, Adolph Freiherr von 82
Kollege 53
Kommunikation 33
Kommunikations-Technik,
    digitale 44
König 17
Königreich 16
Kontakt 22, 53, 54, 62
Kontaktsperre 58
Kontrolle 50, 59
Korona 17
Krankenpfleger 65

Kranz 16, 17
Kreditkarte 37
Kreuz.......................... 16
Kreuzfahrtschiff 28
Krone 16, 17
Kronen-Kranz 17

L

Ländergrenze 22
Lebenseinstellung 69
Lerneffekt 71
Lockdown....................... 29
Luther, Martin...................... 68

M

Macht 17
Maske 31
Medizinische Maske 33
Meeting 46
Meeting, virtuelle 45
Mensch-Tier-Schranke........ 18
Mikrofon......................... 47
Milliardenhilfe 20
Misstrauen.......................... 50
Moderation........................ 47
Moderator 47
Mund-Nasen-Schutz 33
Mundschutz....................... 31
Mutation........................... 11

N

Nachbar 60, 61
Nähe 53
Namaskaram 25
Namaste 25
Naturverbundenheit........... 71
Niesen......................... 30
Niesschutz.......................... 30
Nudel 37
Null Covid 29

O

Oertzen, Karl Friedrich Theodor
    Georg Ludwig von 44
Offenheit 61

Öffentlichkeit 21
Oma 58
Omikron-Variante 11
Online-Schulunterricht......... 44
Online-Vorlesung 44, 45
Optimismus.................... 67, 69
Optimist 68, 69
Orientierung, humane 72
Österreich 19

P

Pandemie..................... 19
Pessimismus...................... 67
Pest 27, 68
Pflegepersonal 65
Pocken 68
Politiker............................. 20
Polizist............................ 65
Positiv denken.................... 70
Prophezeiung, selbsterfüllende
    69
Psychologe..................... 59

Q

Quarantäne.................. 27, 28
Querdenker..................... 41

R

Raubüberfall 38
Redebeitrag 47
Regulierung...................... 36
Reisekosten..................... 46
Respekt 64
Respektlosigkeit................... 65
Restriktion 22
Rettungskraft 65
Risiko 58
Rücksichtnahme............. 57, 65
Rückzugsbereich 59
Ruhepause 52
Russe...................... 40

S

SARS-CoV-2...................... 19

Schiller, Johann Christoph
    Friedrich von 57
Schule 21
Schwermütigkeit 59
Selbstachtung 59, 63
Selbstkontrolle.................... 59
Selbstwert......................... 63
Selbstwertgefühl................. 64
Senior............................... 57
Senioreneinrichtung 58
Seniorenheim...................... 28
Sicherheit.......................... 51
Smartphone 49
Social Cocooning........9, 16, 72
Solidarität 65
Sozialamt 21
Spanien 19
Spanische Grippe 68
Spielplatz 21
Sport 21
Status............................... 17
Sterbefall 58
Struktur............................. 52
Südtirol 19
Supermarktkasse 38

T

Tafel................................. 21
Teigware 37
Telearbeitsplatz 44
Telemeeting.............45, 46, 47
Thron 16
Tiermarkt 18
Tirol.................................. 19
Toilettenpapier 35
Toilettenraum 34
Tote 29, 68
Tourismus 21

U

Übergriff, sexuelle............... 58
Umweltschutz 45, 71

Ungezwungenheit 61
Universität 21
USA 19
US-Amerikaner.................... 40

V

Venedig............................. 27
Venezuela 36
Veranstaltung, kulturelle 21
Vereinsamung..................... 57
Verkümmerung, soziale 53
Verschwörungstheorie........ 40
Vertrauen........................... 50
Vertrauensperson 58
Videokonferenz................... 45
Virus......................... 18, 20
Vulnerable Gruppe.............. 73

W

Waffe, biologische 40
Wände, eigene 4 .... 53, 58
Wartelinie 22
WC-Papier 35, 36
Webkamera 48
Wechselgeld....................... 38
Weltgesundheitsorganisation
.... 20
Wertschätzung.................... 63
WHO 20
Wildtier............................. 18
Win-Win-Situation 64
Wohnungseinbruch............. 39
Wucher 39
Wuhan 18

Y

Yokohama 28

Z

Zoonose 18
Zukunft....................... 70, 72

Knigge als Synonym und als Namensgeber

Umgang mit Menschen

Adolph Freiherr Knigge

Schon zu seinen Lebzeiten war Adolph Freiherr Knigge (1752 – 1796) umstritten. Knigge setzte sich durch sein energisches Eintreten für die Ziele der Aufklärung, so wie er sie verstand, scharfen Angriffen aus. Er arbeitete als Romanschriftsteller und Satiriker, sowie als politischer Schriftsteller. Er gehörte den Freimaurern an.

Heute ist Knigge vor allem durch sein Buch ‚Über den Umgang mit Menschen' (1788) bekannt. Und zwar deswegen, weil sein Werk als Etikette-Buch angesehen wird.

Knigge verdankt seinen heutigen Ruf und Erfolg aber einem Missverständnis. Denn: Das Werk Adolph Freiherr Knigges gilt als Etikette-Buch ersten Rangs.

Allerdings beschreibt Knigge keine Regeln wie mit Besteck umzugehen ist, oder das Verhalten bei Tisch, stattdessen offenbart er eine praktische Lebensphilosophie im Umgang mit Mitmenschen.

Er gibt Anleitungen und Anregungen, wie mit seinen Mitmenschen richtig umzugehen ist. Knigge hoffte damit, dass die Menschen glücklich und froh miteinander leben könnten. Sein Buch erschien 1788 und war schon kurze Zeit in fast allen Haushalten zu finden.

Über 200 Jahre lang prägte sich sein Buch im Bewusstsein der Leser als praktisches Handbuch über gutes Benehmen ein.

In drei Teilen seines Buches hat Knigge über den Umgang mit verschiedenen Menschengruppen geschrieben, zum Beispiel:

- Über den Umgang mit Leuten von verschiedenen Gemütsarten, Temperamenten und Stimmungen des Geistes und des Herzens (Erster Teil, 3. Kapitel)

- Über den Umgang mit Frauenzimmern (Zweiter Teil, 5. Kapitel)

- Über das Verhältnis zwischen Wohltätern und denen, welche Wohltaten empfangen; wie auch unter Lehrern und Schülern, Gläubigern und Schuldnern (Zweiter Teil, 10. Kapitel)

- Über den Umgang mit den Großen der Erde, mit Fürsten, Vornehmen und Reichen (Dritter Teil, 1. Kapitel)

Obwohl es heute klar ist, dass Knigge anderes verfolgte, als wir unter seinem Namen verstehen, soll ‚Knigge' als Synonym für den Bereich stehen, dem sich das vorliegende Buch widmet.

2 Ratgeber in der kleinen Knigge-Reihe

Der kleine ... -Knigge [2100] (Je € 9,70; 88 Seiten, 12x19 cm, kartoniert)

Anstands- und Banausen-...
Business- und Kunden-...
Büro- und Kollegen-...
Gäste- und Gastgeber-...
Gesellschafts- und Freunde-...
Outfit- und Stil-...

Interkulturelle- und Auslands-...
Bewerbungs- und Vorstellungs-
...
Event- und Feste-...
Gastro- und Tischsitten-...
Speisen- und Exoten-...
Trinkkultur- und Getränke-...

12 x kleines Handbuch der Rhetorik 2100

Der kleine Handbuch der Rhetorik [2100] (Je € 9,70; 100 Seiten, 12x19 cm)

Erfolgreich reden
Körpersprache einsetzen
Gezielt trainieren
Nervosität austricksen
Begeistert überzeugen
Unterschwellig manipulieren

Wahrnehmung verzerren
Einwände entkräften
Gespräche führen
Meetings leiten
Geschicktes Nudging
Interviews führen

4 Ratgeber in der Ego-Management-Reihe

Jeder Ratgeber € 14,90, 104 Seiten, A5
Persönlichkeits-Management – Ego-Knigge [2100] Soft Skills, Selbst-Reflexion und Selbst-Bewusstsein

Stress-Management – Ego-Knigge [2100] Lampenfieber, Stressoren, Gerüchte, Mobbing, Burnout, Stressvermeidung
Zeit-Management– Ego-Knigge [2100] Umgang mit der Zeit, Organisation von Arbeitsabläufen, Perfektionismus, Zielsetzung
Gedächtnis-Management – Ego-Knigge [2100] Gehirn, Intelligenz, Schwachsinn – Hochbegabung, Gedächtnis, Lerntechniken

4 Ratgeber in der Reihe Lebenseinstellung

Je € 12,95, A5, 160 S.
Aberglaube-Knigge [2100] Von schwarzen Katzen, der linken Hand des Teufels und den Glücksbringern

Lügen- und Egoismus-Knigge [2100] Überleben durch Flunkern, Schummeln und Täuschen! Macht, Respekt, Wertschätzung? Lebenslüge und Lebensschutz
Glücks-Knigge [2100] Vom Glücklichsein, positiven Denken und von Freundschaften
Angst- und Optimismus-Knigge [2100] Die Furcht beherrschen, Ängste nutzen und positiv durchs Leben gehen

3 Ratgeber Bräutigam, Braut und Brautpaar

Je € 15,90, 104 Seiten, A5,
Bräutigam-Knigge [2100] Verlobung, Polterabend, Schwiegereltern, Ja-Wort, Hochzeits-Outfit, Kutsche
Braut-Knigge [2100] Brautkleid und Accessoires, Das große Hochzeitsfest, Höhepunkte und Hochzeitstanz

Brautpaar-Knigge [2100] Historisches und Sonderbares, Planung und Organisation, Aberglaube und Hochzeitsbräuche

3 Ratgeber Selbst-Coaching

Je € 12,95, 120 Seiten, A5
Selbstbewusstsein Knigge [2100] Ich bin, ich kann, ich will. Das eigene Leben bestimmen, Soft Skills, The Winner 1
Selbstwertgefühl Knigge [2100] Steh auf! – Werde aktiv! – Zeige Profil! Das eigene Leben beeinflussen, Motivation. The Winner 2
Selbstoptimierung Knigge [2100] Optimistischer, attraktiver, authentischer. Das eigene Leben gestalten, Ansprüche, The Winner 3

Leben und Lifestyle

Adam allein auf der Welt Knigge [2100] Ein Buch mit Bildern vom ersten Menschen, seinen Gedanken und seiner Körpersprache, € 14,95; 104 Seiten, A5, kartoniert, ca. 155 Fotos

Jugend-Knigge [2100] Knigge für junge Leute und Berufseinsteiger, € 15,90; 152 Seiten

Zukunfts-Knigge [2100] Verfall der Sitten und Verlust der Wertschätzung? Umgangsformen in 100 Jahren. Zusammenleben mit Menschen, Maschinen und menschenähnlichen Robotern, € 14,95; 172 Seiten A5

Wertschätzung-Knigge [2100] Gleichberechtigung, Gender und Respekt, Sexuelle Orientierung, € 14,95; 152 Seiten A5

Das kleine Knigge-Quiz [2100] € 9,70; 96 Seiten, 12x19 cm, kartoniert

Hochzeits-Knigge [2100] Hochzeitsbräuche, Geschenke, Brautjungfer, Trauung, Festgäste und Festmahl, € 29,95; 310 Seiten A5

Ü65- und Senioren-Knigge [2100] Die junge Alten und die alten Jungen, Einsamkeit und technischer Fortschritt, € 19,95; 180 Seiten A5

Blumen-Knigge [2100] Historisches, Mystisches, Festliches, Blumen-Sprache, Umgang mit Blumen-Präsenten, € 19,95; 144 Seiten A5

Bekleidung! Ausdruck der Persönlichkeit – Lukas' Outfit-Knigge [2100], € 19,95, 196 Seiten A5

Nudel-Knigge [2100] Himmlische Teigwaren, € 17,95; 140 Seiten A5

Der Interkulturelle Kompetenz-Knigge [2100] Kultur, Kompetenz, Eindrücke –Berichte, Tipps, Erlebnisse, € 29,95; 240 Seiten A5

China-Deutschland-Knigge [2100] Chinesen in Deutschland, € 12,90; 104 Seiten A5

Dschungel-Knigge [2100] Umgang in ungewohnter Umgebung, € 23,95; 192 Seiten A5

Der Dicke-Knigge [2100] Aus dem prallen Leben des Dicken, € 15,90; 104 Seiten A5

Typisch Frau – Typisch Mann Knigge [2100] Unterschiede und Gemeinsamkeiten im Umgang mit dem anderen Geschlecht, € 12,95; 128 Seiten

Kulinarischer und Gastronomischer Knigge [2100] Von Events, Feiern, Aperitif über Esskultur, Speisen und Getränken zu zeitgemäßen Tischsitten, € 26,50; 284 Seiten A5

Klo- und Pinkel-Knigge [2100] Vom privaten und öffentlichen Bedürfnis - Umgangsformen im Tabu-Bereich, € 13,50; 104 Seiten A5

Omi hüpf' mal Märchen meiner Großmutter, Erlebnisse ihre Jugend und wahre Geschichten meines Vaters von und über Omi Rickchen, Hardcover, € 29,95; 312 Seiten

Der Hunde-Knigge [2100] Umgang mit dem Hund – Hundesprache – Der Hund in der Gesellschaft, € 17,95; 180 Seiten A5

Welcome to Germany-Knigge [2100] Umgangsformen, Verhaltensmuster und gesellschaftliches Miteinander im deutschsprachigen Europa, € 11,99; 108 Seiten A5

Besuch willkommen Knigge [2100] Einladung, Gast, Geschenk, Empfang, Feier, Gastfreundschaft, € 14,95; 200 Seiten A5

Leben, Tod und Ansichten Austausch mit Berühmtheiten über Wichtiges und Unwichtiges im Leben, € 12,95; 116 Seiten A5

Corona-Knigge 2100 Umgang mit dem Virus, € 9,70; 88 Seiten, kartoniert, 12x19 cm

Leben und Lifestyle

Rhetorik, Soft Skills, Hochschule, Beruf

Rhetorik ist Silber Von den ersten Schritten zu einer perfekten Präsentation, € 17,90; 184 Seiten A5, kartoniert, Zeichnungen

Moderation ist Gold Gesprächsführung, Umfragen, Talkrunden und Manipulation, € 17,90; 176 Seiten A5, kartoniert, Zeichnungen

Lebhafte Körpersprache in Vorträgen, Präsentationen, Gesprächen, € 17,90; 144 Seiten A5, kartoniert, ca. 290 Zeichnungen

Rhetoric – Mastering the Art of Persuasion, € 22,90; 144 Seiten A5

Discussion – Mastering the Skills of Moderation, € 22,90; 144 Seiten A5

Body Language in Europe, € 22,90; 144 Seiten A5, ca. 290 Zeichnungen

Das große Buch der Kommunikation und der Gesprächsführung [2100], € 29,95; 460 Seiten A5, kartoniert, Zeichnungen

Das große Buch der Rhetorik [2100] Tacheles reden; Präsentieren; manipulieren und überzeugen, € 29,95; 452 Seiten A5, kartoniert, viele Darstellungen

Trickreiche Rhetorik [2100] Psychologische Gesprächsführung, manipulierende Darstellung, unaufdringliches Nudging, € 29,95: 448 Seiten A5, Zeichnungen

Körpersprache [2100] **– Lüge, Verrat, Macht**, Im Beruf, vor Gericht, beim Flirt – Drohung und Zuneigung; € 29,95; 440 Seiten A5, über 400 Zeichnungen

Soft Skills-Knigge [2100] Soziale, Persönlichkeit, Selbstmanagement, € 29,95; 480 Seiten A5, kartoniert, viele Darstellungen

Schlagfertigkeit-, Spontaneität-, Stegreif-Knigge [2100] Impulsiv handeln, verbale Angriffe kontern, Störungen entwaffnen, € 13,50; 104 Seiten A5

Pitch Skills und Überzeugungs-Knigge [2100] Elevator Pitch, Geldgeber beeindrucken, Feuer versprühen, € 13,50; 128 Seiten A5, kartoniert

Smalltalk-Knigge [2100] Vom kleinen Gespräch bis zum charmanten Flirt – Kontakt ausbauen, Sympathie zeigen, Begehrlichkeit wecken, € 13,50; 100 Seiten

Quassel-Knigge [2100] Quasseln, Quatschen, Quengeln oder Lebenswichtige Kommunikation – Gezielt eingesetzte Rhetorik, € 13,50; 112 Seiten

Die moderne Führungskraft [2100] **Online und Präsenz,** Handbuch für souveräne Vorgesetzte, € 17,95; 252 Seiten A5, kartoniert, Zeichnungen

Emotionale Rhetorik im Leben und rund um den Tod [2100] Vielfältige Kommunikation – Fiktiver Interview-Austausch, € 14,95; 260 Seiten A5

Innere Rhetorik [2100] Kommunikation mit sich selbst, € 14,95; 140 Seiten A5

Kriegerische Rhetorik [2100] Verbale Kampfansage, € 14,95; 148 Seiten A5

Hochschul-Knigge [2100] Studentischer Umgang in und außerhalb der Hochschule am Beispiel der Cologne Business School, 132 Seiten A5, Fotos

Jugend-Karriere-Knigge [2100] Schule und Studium, Netzwerk und Klüngel, Erfolg und Risiken, € 19,95; 224 Seiten A5, Zeichnungen, Checklisten

Bewerbungs-Knigge [2100] **für Frauen – Tina bewirbt sich / Bewerbungs-Knigge** [2100] **für Männer – Tom bewirbt sich**, je € 19,70; 128 Seiten A5, kartoniert, Fotos, Checklisten

Online-Bewerbungsgespräche-Knigge [2100] **Vorstellungsgespräche auf Distanz – Tina und Tom bewerben sich digital**, € 15,95; 128 Seiten A5

Kreativitäts-Knigge [2100], Visionärhaft denken, Scheuklappen sprengen, Mentales Risiko eingehen, € 14,95; 164 Seiten A5, kartoniert

Team und Typ-Knigge [2100], Ich und Wir, Typen und Charaktere, Team-Entwicklung, € 14,95; 128 Seiten A5, kartoniert, viele Darstellungen

Die flotte Generation Y im 21. Jahrhundert, selbstbewusst – lebensbetonend – flexibel, € 12,95; 116 Seiten A5, kartoniert, Zeichnungen

Die flotte Generation Z im 21. Jahrhundert, entscheidungsfreudig – effizient – eigenverantwortlich, € 12,95; 140 Seiten A5, kartoniert, Zeichnungen

Tele-Meeting [2100], Digitale Konferenz, Online-Unterricht, Homeoffice, € 12,95; 104 Seiten A5, kartoniert

Rhetorik, Soft Skills, Hochschule, Beruf

Englisch:

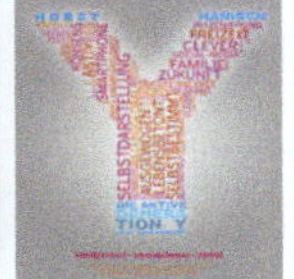

Beratung, Coaching, Seminar

Wer hat nicht gerne mit Menschen zu tun, die selbstbewusst und selbstsicher mit anderen Menschen umgehen?

Geschäftspartnern, die die elementaren Regeln des ‚Benimms' beherrschen, stehen die Türen zum Erfolg offen. Unternehmen, die neben ihrer fachlichen Leistung auch ‚menschlich' überzeugen wollen, bieten wir für ihre Mitarbeiterinnen und Mitarbeiter aktives Training im Umgang mit Kunden, Gästen, Kollegen und Gesprächspartnern an.

Auf unserer Website informieren wir Sie über unsere Angebote:

- Firmen-Internes-Training
- → Business-Etikette und das Lehrmenü
- → Präsentieren, Moderieren, Kommunizieren
- → Körpersprache und ihre Geheimnisse
- Offen ausgeschriebene Seminare
- → Teuflische Rhetorik
- → Flottes Reden vor und zu anderen
- → Der erste Eindruck
- → Ladies Power
- Individuelles Einzelcoaching
- → Authentisches Auftreten
- → Dress for success
- → Verhandlungstechniken
- → Persönlichkeit
- Interkulturelles Training
- Freundlichkeits-Checks in Unternehmen
- Workshops
- → Soft Skills
- → Team-Training
- Intensiv-Training für
- → TV-Auftritte
- → Vorträge
- → Präsentationen
- → Reden
- Fachliteratur und Arbeitsunterlagen
- Vorträge/Speaker
- → Vor kleinem und vor großem Publikum

Individuelles Coaching für Einzelpersonen: Und, wer es ganz individuell mag, greift zurück auf ein Einzel-Coaching. Hier werden ganz persönliche Herausforderungen angegangen, mit Themen wie:

- Interkulturelle Kompetenz
- Selbstsicheres Auftreten
- Präsentations-Techniken
- Erfolgreiche Verhandlungsführung
- Der Erste Eindruck
- Bewerbungstraining
- Rhetorik und Überzeugungskraft

und andere Themen – direkt auf die besonderen Bedürfnisse des Einzelnen zugeschnitten. Besuchen Sie uns auf www.knigge-seminare.de